CARTEA COMPLETĂ DE BUTATE CU ANTINAREA

100 de rețete delicioase care sărbătoresc inima ciulinului

Iina Pălici

Material cu drepturi de autor ©2024

Toate drepturile rezervate

Nicio parte a acestei cărți nu poate fi utilizată sau transmisă sub nicio formă sau prin orice mijloc fără acordul scris corespunzător al editorului și al proprietarului drepturilor de autor, cu excepția citatelor scurte utilizate într-o recenzie. Această carte nu trebuie considerată un substitut pentru sfaturi medicale, juridice sau alte sfaturi profesionale.

CUPRINS

CUPRINS 3
INTRODUCERE 6
MIC DEJUN 7
   1. Omletă cu anghinare și brânză de vaci 8
   2. Strate de ouă și anghinare 10
   3. Ouă și Anghinare Sardou 12
   4. Anghinare fierte la Harissa pe pâine prăjită 15
   5. Anghinare sote, cartofi și ouă 18
   6. Caserolă de mic dejun cu spanac și anghinare 20
STARTERS 23
   7. Patrate de anghinare 24
   8. Inimioare de anghinare cu parmezan crocant la cuptor 26
   9. Inimioare De Anghinare Cu Naut 28
   10. Roți De Brioș De Anghinare și Pesto 30
   11. Cești calde cu spanac și anghinare 32
   12. Inimioare De Anghinare Si Prosciutto 34
   13. Dip De Spanac Si Anghinare Cu Crostini Sau Pita 36
   14. Dip de roșii uscate și anghinare 38
   15. Crostini Salam Si Anghinare 40
   16. Rulouri de friptură cu spanac și anghinare 42
   17. Pesto de anghinare cu brânză 44
   18. Chitrele de anghinare 46
   19. Dip de spanac și anghinare la cuptor 48
   20. Dip de anghinare 50
   21. Dip cremoasă de anghinare 52
   22. Frigarui Antipasto 54
   23. Paste cu pui cu nuci 56
   24. Anghinare Cu Sos De Mărar 58
SCHEDE DE CHARCUTERIE 60
   25. Consiliu pentru tapas spaniole 61
   26. Tabla de brânză pentru aperitiv antipasto 63
   27. Italian Antipasto Platte r 65
SANDWICHE-URI SI WRAP-URI 67
   28. Mic dejun Sandwich cu spanac și anghinare 68
   29. Sandwich deschis cu spanac și anghinare 70
   30. Brânză siciliană sfărâită cu capere și anghinare 72
   31. Sandwich cu pui Seattle 74
   32. Branza La Gratar Cu Anghinare 76
FORM PRINCIPAL 78
   33. Risotto cu anghinare 79

34. Anghinare Si Parmezan En Croute 82
35. Tarta cu anghinare 84
36. Paella în stil mexican 86
37. Torta De Mamaliga Cu Ciuperci Si Anghinare 88
38. Plăcintă italiană cu anghinare 91
39. Seitan în tigaie cu anghinare și măsline 93
40. Risotto cu anghinare italian Truck-Stop 95
41. Stracchino cu anghinare, lămâie și măsline 97
42. Mămăligă mediteraneană încărcată 100

PIZZA 102
43. Pizza cu spanac cu anghinare 103
44. Ar tichoke și pizza cu măsline 105
45. Pizza Pita cu rosii uscate 107
46. Pizza pesto cu anghinare 109
47. Four Seasons Pizza/Quattro Stagioni 111
48. cu anghinare și prosciutto pita 113

PASTE 115
49. Paste de petrecere cu prosciutto 116
50. Spanac și anghinare Mac-And-Brânză la cuptor 118
51. Ravioli de anghinare-nuci 120
52. Penne Paella Cu Spanac Si Anghinare 123
53. Agnolotti cu sos de anghinare 125
54. Paste papion cu homar și anghinare 127
55. Lasagna De Ton și Anghinare 129
56. Lasagna cu spanac și anghinare 131
57. Gnocchi cu ciuperci și anghinare 133
58. Gratin de Paste Cu Legume Provesale 135
59. Năut și paste spaniole 137

SUPE 140
60. Supă cremoasă de anghinare 141
61. Supă de anghinare cu lămâie 143
62. Supă picant de anghinare 145
63. Supă de anghinare cu ierburi 147
64. Supă mediteraneană de anghinare și roșii 149
65. Supă de anghinare și cartofi 151
66. Supă de spanac și anghinare 153
67. Supă de ardei roșu prăjit și anghinare 155
68. Supă de anghinare cu curry de cocos 157
69. Supă de anghinare și fasole albă 159
70. Supă de anghinare și praz 161
71. Supă cremoasă de anghinare și roșii uscate la soare 163

SALATE 165
72. Salată De Ton De Anghinare și Măsline Coapte 166
73. Bol italian de salată antipasto 168

74. Salată nicoise încărcată	170
75. Salata Antipasto	172
76. Salată de orez risotto cu anghinare, mazăre și ton	174
77. Paste Urzici Cu Parmezan	176
78. Salată de sparanghel cu cartofi roșii și anghinare	178
79. Salată de inimă de anghinare prăjită	180

LATELE 182

80. Inimi prăjite de palmier și anghinare	183
81. Anghinare zdrobită cu aioli de lămâie-mărar	185
82. Inimioare De Anghinare Cu Sunca	187
83. Inimioare De Anghinare In Vin Alb Usturoi	189
84. Inimioare de anghinare la cuptor cu branza de capra	191
85. Anghinare la abur	193

DESERT 195

86. Inimioare de anghinare confiate	196
87. Tort cu anghinare si migdale	198
88. Tartă cu anghinare și lămâie	200
89. Plăcintă cremoasă de spaghete cu cartofi dulci	202

CONDIMENTE 204

90. Pesto de anghinare	205
91. Tapenadă de anghinare	207
92. Relish cu anghinare și roșii uscate	209
93. Aioli cremos de anghinare	211
94. Chimichurri de anghinare	213

BĂUTURI 215

95. Apa de anghinare	216
96. Anghinare Negroni	218
97. Anghinare Manhattan	220
98. Anghinare și ceai verde Pandan	222
99. Cynar de casă	224
100. Calea de anghinare	226

CONCLUZIE 228

INTRODUCERE

Bine ați venit la „Cartea completă de bucate cu anghinare", o călătorie culinară care sărbătorește inima ciulinului. Cuibărit în frunzele exterioare dure ale acestei umile legume se află o comoară de aromă și versatilitate care așteaptă să fie explorată. În această carte cuprinzătoare de bucate, ne lansăm într-o aventură gastronomică prin 100 de rețete delicioase, fiecare prezentând gustul și textura unică a anghinării.

Timp de secole, anghinarea a fost venerată pentru aroma lor distinctă și adaptabilitatea culinară. De la Grecia antică până la bucătăriile moderne din întreaga lume, această legumă spinoasă a captat imaginația bucătarilor și bucătarilor de casă deopotrivă, inspirând nenumărate feluri de mâncare care variază de la simple aperitive la capodopere gourmet.

Dar ce diferențiază anghinarea de alte legume? Este felul în care invită la creativitate și la experimentare în bucătărie, capacitatea sa de a se asocia armonios cu o gamă largă de ingrediente și atracția sa incontestabilă atât ca fel de mâncare centrală, cât și ca accent aromat. Fie că este prăjită, aburită, la grătar sau sotă, anghinarea oferă posibilități infinite de explorare culinară.

În această carte de bucate, ne vom scufunda adânc în lumea anghinării, explorând istoria bogată a acestora, beneficiile nutriționale și utilizările culinare. Vom învăța cum să selectăm, să pregătim și să gătim anghinare cu încredere, deblocându-și întregul potențial în fiecare fel de mâncare. Și cel mai important, vom sărbători inima ciulinului în toată gloria sa delicioasă, câte o rețetă.

Așadar, fie că ești un pasionat de anghinare experimentat sau un nou venit în lumea ciulinilor, „CARTEA COMPLETĂ DE BUTATE CU ANTINAREA" te invită să ni te alături într-o aventură culinară ca nimeni altul. De la aperitive la antreuri, la salate la supe și tot ce se află între ele, haideți să descoperim împreună posibilitățile nesfârșite ale acestei legume remarcabile.

MIC DEJUN

1.Omletă cu anghinare și brânză de vaci

INGREDIENTE:
- 3 ouă mari
- ¼ cană brânză de vaci
- ¼ cană ridichi feliate
- ¼ cana inimioare de anghinare tocate (conserve sau marinate)
- 2 linguri ierburi proaspete tocate (cum ar fi patrunjel, arpagic sau busuioc)
- Sare si piper dupa gust
- 1 lingura ulei de masline

INSTRUCȚIUNI:
a) Într-un castron, batem ouăle până se bat bine. Asezonați cu sare și piper.
b) Încinge uleiul de măsline într-o tigaie antiaderentă la foc mediu.
c) Adauga ridichile feliate si se caleste aproximativ 2-3 minute pana se inmoaie putin.
d) Adăugați inimioarele de anghinare tocate în tigaie și mai soțiți încă 1-2 minute până se încălzesc.
e) Turnați ouăle bătute în tigaie, asigurându-vă că acopera legumele uniform.
f) Lăsați ouăle să se gătească netulburate câteva minute până când fundul începe să se întărească.
g) Ridicați ușor marginile omletei cu o spatulă și înclinați tigaia pentru a lăsa orice ou nefiert să curgă spre margini.
h) Pune brânza de vaci pe o jumătate de omletă.
i) Presarati ierburile tocate peste branza de vaci.
j) Îndoiți cealaltă jumătate de omletă peste partea de brânză de vaci.
k) Continuați să gătiți încă un minut sau până când omleta este gătită la nivelul dorit.
l) Glisați omleta pe o farfurie și, dacă doriți, tăiați-o în jumătate.

2.Strate de ouă și anghinare

INGREDIENTE:
- 1 lingura ulei de masline extravirgin
- 1 ceapa galbena medie, tocata
- 8 uncii spanac tocat congelat
- ½ cană de roșii uscate la soare, scurse și tăiate grosier
- Cutie de 14 uncii de inimioare de anghinare, scurse și tăiate în sferturi
- 2 ½ cesti ambalate de bagheta cuburi
- Sare si piper negru dupa gust
- ⅔ cană brânză feta, mărunțită
- 8 oua
- 1 cană lapte
- 1 cană brânză de vaci
- 2 linguri busuioc proaspăt tocat
- 3 linguri de parmezan ras

INSTRUCȚIUNI:
a) Preîncălziți cuptorul la 350 F.
b) Încinge ulei de măsline într-o tigaie mare de fontă la foc mediu. Adăugați și căliți ceapa timp de 3 minute sau până când se înmoaie.
c) Se amestecă spanacul și se gătește până se dezgheață și are cea mai mare parte din lichid evaporat. Opriți căldura.
d) Amestecați roșiile uscate la soare, inimioare de anghinare și bagheta până când sunt bine distribuite. Asezonați cu sare și piper negru și presărați brânză feta deasupra; pus deoparte.
e) Într-un castron mediu, bateți ouăle, laptele, brânza de vaci și busuiocul. Se toarnă amestecați peste amestecul de spanac și folosiți o lingură pentru a bate ușor pentru ou se amestecă pentru a se distribui bine. Presărați parmezan deasupra.
f) Transferați tigaia la cuptor și coaceți timp de 35 până la 45 de minute sau până când devin aurii rumeniți deasupra și ouăle puse.
g) Scoateți tigaia; tăiați straturile în felii și serviți calde.

3.Ouă și Anghinare Sardou

INGREDIENTE:
PENTRU SOS OLANDEZ
- 2 galbenusuri mari
- 1 ½ linguriță suc proaspăt de lămâie
- 2 batoane unt nesarat
- Sare si piper negru proaspat macinat, dupa gust

PENTRU OUĂ
- 2 pungi (9 uncii) de spanac proaspăt
- 1 lingura ulei de masline
- 1 lingurita de usturoi tocat
- 1/3 cană smântână groasă
- Sare si piper negru proaspat macinat, dupa gust
- 8 funduri de anghinare proaspăt gătite sau conservate
- 2 linguri de otet alb
- 8 oua

INSTRUCȚIUNI:

a) Pentru a face sosul, puneți gălbenușurile și sucul de lămâie într-un blender. Pulsați de mai multe ori pentru a amesteca.
b) Topiți untul într-un ulcior de sticlă la cuptorul cu microunde, având grijă să nu-l fierbeți. Turnați treptat untul în amestecul de ouă și amestecați până se formează un sos cremos, îngroșat. Asezonați cu sare și piper.
c) Pentru a face ouăle, pregătiți spanacul călându-l în uleiul de măsline într-o cratiță, amestecând, doar până se ofilește și încă verde aprins. Se amestecă smântâna, se condimentează cu sare și piper și se păstrează la cald.
d) Se încălzește fundul de anghinare și se păstrează la cald.
e) Umpleți o tigaie sau o oală puțin adâncă cu 2 ½ inci de apă. Adăugați oțetul și încălziți la foc mediu.
f) Pe rând, spargeți 4 ouă într-o ceașcă mică și turnați-le ușor în apă. Fierbeți ouăle până când se ridică la vârful lichidului, apoi întoarceți-le cu o lingură. Se fierbe până când albușurile sunt întărite, dar gălbenușurile sunt încă curgătoare. Scoateți cu o lingură cu fantă și uscați cu prosoape de hârtie. Repetați cu ouăle rămase.
g) Puneti o portie de spanac pe fiecare din cele 4 farfurii. Pe fiecare farfurie se aseaza 2 funduri de anghinare peste spanac si se aseaza cate un ou pe fiecare anghinare.
h) Se pune peste tot sosul olandez și se servește imediat.

4.Anghinare fierte la Harissa pe pâine prăjită

INGREDIENTE:
- 2 conserve (14 oz fiecare) de inimioare de anghinare, scurse și clătite
- 1/3 cană harissa blândă
- 1 1/2 linguri de zahăr brun închis
- 1 lingura sos de soia
- 1/2 cană apă
- 1/2 cană supă de legume
- 3 linguri ulei de masline
- 1/3 cană pesmet
- O mână mică de pătrunjel și mărar proaspăt, tocate grosier
- 1/4 cană de hummus la alegere
- 2 felii de paine integrala

INSTRUCȚIUNI:
a) Începeți prin a tăia inimioarele de anghinare în jumătate. Pus deoparte.
b) Se amestecă harissa, zahărul, sosul de soia, apa și supa de legume într-un castron. Nu adăugați sare, deoarece salinitatea din inimioarele de anghinare va fi suficientă.
c) Aduceți o tigaie cu laturi înalte la foc mediu și adăugați 1 lingură de ulei de măsline. Adauga pesmetul si prajeste cateva minute pana se rumeneste. Pune-le deoparte și șterge tigaia.
d) Pune tigaia din nou la foc mediu si adauga restul de 2 linguri de ulei de masline. Se prăjesc inimile de anghinare în loturi până când ambele părți devin maro auriu, aproximativ 2-3 minute pe fiecare parte. Odată carbonizate după bunul plac, adăugați toate inimile de anghinare în tigaie într-un strat uniform.
e) Se toarnă bulionul de harissa și se aduce la fiert. Agitați tigaia de câteva ori și turnați sosul peste fiecare inimă de anghinare pentru a le acoperi uniform. Se lasa sa fiarba si sa se reduca, amestecand din cand in cand, aproximativ 5-7 minute, sau pana cand sosul scade la jumatate si se ingroasa vizibil.
f) Se ia cratita de pe foc si se presara deasupra pesmetul.
g) Prăjiți cele două felii de pâine, apoi întindeți fiecare cu 2 linguri de hummus.
h) Puneți inimile de anghinare pe pâine prăjită și împrăștiați-le cu pătrunjel și mărar. Serviți cald. Acest toast este cel mai bine savurat folosind un cuțit și o furculiță.
i) Bucurați-vă de această încântătoare anghinare fierte la Harissa pe pâine prăjită în stil cuțit și furculiță!

5.Anghinare sote, cartofi și ouă

INGREDIENTE:
- 6 linguri ulei de măsline extravirgin
- 1 ceapa mica, taiata foarte fin
- 200g cartofi cerosi, curatati sau nedecojiti, taiati felii
- 200 g inimioare de anghinare la conserva, scurse
- 2 catei de usturoi, macinati
- ¼ lingurita fulgi de ardei iute (ajustati dupa preferinte)
- 2-4 oua (in functie de pofta ta)
- 1 lingura patrunjel cu frunze plate tocat

Metodă:
a) Încinge 4 linguri de ulei de măsline într-o tigaie mare la foc mediu.
b) Adăugați în tigaie ceapa și cartofii tăiate mărunt.
c) Prăjiți timp de 12-15 minute, sau până când cartofii sunt moi și aurii.
d) Adăugați în tigaie inimile de anghinare scurse, usturoiul zdrobit, fulgii de ardei iute și condimentele.
e) Gatiti inca 2 minute, amestecand din cand in cand.
f) Într-o altă tigaie se încălzește uleiul de măsline rămas.
g) Prăjiți ouăle până când se dorește, asigurându-vă că puneți uleiul fierbinte peste gălbenușuri pentru a le ajuta să le gătiți.
h) Se amestecă pătrunjelul tocat în cartofi și anghinare și, dacă este necesar, se potrivește condimentul.
i) Serviți anghinarea și cartofii sotate cu ouăle prăjite deasupra.

6.Caserolă de mic dejun cu spanac și anghinare

INGREDIENTE:
- 8-10 felii de slănină fără nitrați
- 2 cartofi dulci medii, decojiți și tăiați rondele subțiri
- 1 ceapa medie, tocata
- 3-4 catei de usturoi, tocati marunt
- Sare de mare, dupa gust (pentru legume)
- 10 oz baby spanac proaspăt, tocat
- Cutie de 14 oz inimioare de anghinare, scurse și tocate
- 12 ouă mari, crescute la pășune
- 1/2 cană lapte de cocos, grăsime integrală (din cutie)
- 3 linguri drojdie nutritivă (opțional, pentru aromă)
- 1/2 lingurita sare de mare
- 1/4 lingurita piper negru
- 1/4 lingurita praf de ceapa (optional)

INSTRUCȚIUNI:
a) Preîncălziți cuptorul la 400 ° F și ungeți o tavă de 9 x 13 inchi cu ulei de nucă de cocos.
b) Aruncați rondelele de cartofi dulci cu grăsimea de gătit aleasă și sare de mare după gust și aranjați-le (suprapunându-le, deoarece se vor micșora după prăjire) peste fundul caserolei și de-a lungul părților, dacă doriți.
c) Se pune tava cu cartofii dulci în cuptorul preîncălzit și se prăjește până se înmoaie și începe să devină maro deschis, aproximativ 25-30 de minute.
d) Între timp, încălziți o tigaie mare la foc mediu-mare și adăugați feliile de slănină. Gătiți până devine crocant, prăjiți în loturi dacă este necesar. Scurgeți pe prosoape de hârtie. Aruncați (sau păstrați pentru o altă utilizare) toată grăsimea de slănină, cu excepția unei linguri.
e) Dați focul la mediu și adăugați ceapa în tigaie. Gatiti pana devine translucid, apoi adaugati usturoiul si gatiti inca 30 de secunde.
f) Adăugați tot spanacul și stropiți cu sare de mare. Lăsați-o să se ofilească, apoi adăugați inimioarele de anghinare tocate și gătiți, amestecând, să se încălzească. Se ia de pe foc.
g) Într-un castron mare sau o ceașcă de măsurare, amestecați ouăle, laptele de cocos, sarea, piperul, praful de ceapă și drojdia nutritivă (dacă este folosită), până când sunt omogene.

h) Pentru a asambla caserola, aranjați amestecul de anghinare cu spanac peste crusta de cartofi dulci gătiți, lăsând excesul de apă în tigaie. Se sfărâmă baconul peste legume, apoi se toarnă amestecul de ouă deasupra uniform.
i) Coaceți în cuptorul preîncălzit timp de 22-25 de minute sau până când amestecul de ouă se fixează în centru și începe să se umfle. Evitați gătirea excesivă sau lăsați să se rumenească.
j) Lăsați caserola să stea timp de 10 minute înainte de a tăia și a servi. De asemenea, îl puteți pune la frigider sau congela pentru a se reîncălzi la un moment ulterior. Bucurați-vă!

STARTERS

7. Patrate de anghinare

INGREDIENTE:
- 2 borcane (6 uncii) inimioare de anghinare (marinate)
- 2 linguri ulei de masline
- 1 ceapa galbena mica, tocata marunt
- 1 catel de usturoi, tocat
- 4 ouă
- 1/4 cană pesmet de pâine fără gluten (sau obișnuit dacă nu urmează o dietă fără gluten)
- 1/8 lingurita piper negru
- 1/8 lingurita oregano uscat
- 1/8 linguriță sos de ardei roșu iute, dacă se dorește
- 8 uncii (2 căni) de brânză (cheddar și combo elvețian folosit aici)

INSTRUCȚIUNI:
a) Preîncălziți cuptorul la 350 de grade F (175 de grade C).
b) Scurgeți inimile de anghinare și tocați-le mărunt. Daca folositi inimioare de anghinare marinate in ulei, rezervati 2 linguri de ulei.
c) Încinge cele 2 linguri de ulei rezervat sau 2 linguri de ulei de măsline într-o tigaie mică la foc moderat. Adăugați ceapa și usturoiul tocate și gătiți, amestecând des, până se înmoaie, aproximativ 5 minute. Adăugați inimioarele de anghinare tocate și căleți cu ceapa și usturoiul încă un minut. Se ia de pe foc si se lasa sa se raceasca aproximativ 5 minute.
d) Într-un castron mediu, bate ouăle până devin spumoase. Se amestecă pesmetul, piperul negru, oregano uscat, sosul de ardei roșu iute (dacă se folosește), brânza și amestecul de anghinare, ceapă și usturoi sotate. Turnați amestecul într-o tavă unsă cu unsoare de 9 x 9 inci.
e) Coaceți timp de 30 de minute sau până se rumenesc ușor.
f) Lăsați să se răcească timp de 10 minute, apoi tăiați în 9 pătrate de 3 inchi dacă servește ca fel principal sau 27 de pătrate de 1 inch dacă servește ca aperitiv.
g) A se pastra bine acoperit si la frigider pana la 3 zile.
h) Bucurați-vă de aceste pătrate de anghinare delicioase și versatile!

8. Inimioare de anghinare cu parmezan crocant la cuptor

INGREDIENTE:
- 2 cutii (14 uncii fiecare) inimi de anghinare, scurse și uscate
- 2 ouă, bătute
- 1/2 cană Panko sau pesmet simplu
- 1/2 cană parmezan, ras fin
- 1 lingurita praf de ceapa
- 1 lingură condiment italian
- 1 lingurita de sare de mare
- 1 lingurita de piper negru
- Sos Marinara pentru scufundare

INSTRUCȚIUNI:
a) Preîncălziți cuptorul la 425°F (220°C).
b) Tapetați o foaie de copt cu hârtie de copt și stropiți-o cu spray de gătit pentru a ajuta hârtia de copt să se lipească.
c) Scurgeți inimile de anghinare și uscați-le cu un prosop de hârtie. Pune-le deoparte.
d) Într-un castron, amestecați ouăle bătute. Într-un castron separat, amestecați pesmetul, parmezanul, praful de ceapă, condimentele italiene, sare și piper.
e) Rând pe rând, treceți fiecare inimă de anghinare în amestecul de ouă, apoi ungeți-o bine în amestecul de pesmet. Puneți inima de anghinare acoperită pe foaia de copt pregătită. Repetați până când toate inimile de anghinare sunt acoperite.
f) Dacă folosiți un cuptor: Coaceți inimioarele de anghinare timp de 18-20 de minute, răsturnându-le la jumătatea timpului de gătire pentru a asigura o croantă uniformă.
g) Serviți inimioarele crocante de anghinare cu parmezan cu sos marinara pentru înmuiere.
h) Bucurați-vă de aceste delicioase inimioare crocante de anghinare ca aperitiv sau gustare delicioasă!

9.Inimioare De Anghinare Cu Naut

INGREDIENTE:
- 4 inimioare mari sau 8 mici de anghinare
- 1 ceapă, tăiată în formă de jumătate de lună
- 1 morcov, decojit și tăiat cubulețe
- 1 cană de năut fiert
- Suc de 1 lămâie
- 4-5 linguri ulei de masline
- 2 căni de apă
- 1 lingurita zahar
- 1 lingurita sare
- 1 lingurita faina
- Pătrunjel tocat pentru decor

INSTRUCȚIUNI:
a) Încinge ulei de măsline într-o oală cu fund larg la foc mediu. Adăugați ceapa tocată și căleți până devine translucid.
b) Adăugați morcovii tăiați cubulețe în oală și continuați să gătiți până când încep să se înmoaie.
c) Aranjați inimioarele de anghinare în oală.
d) Într-un castron, amestecați făina, sarea, zahărul, sucul de lămâie și 2 căni de apă pentru a crea un amestec.
e) Se toarnă amestecul în oală peste anghinare.
f) Închideți capacul și gătiți la foc mic până când anghinarea se înmoaie. Dacă apa scade prea mult în timpul gătitului, puteți adăuga 1 cană de apă clocotită după cum este necesar.
g) Odată ce anghinarea s-a fraged, adăugați năutul fiert în oală și mai fierbeți câteva minute.
h) Se ia de pe foc si se lasa sa se raceasca putin.
i) Umpleți inimile de anghinare cu un amestec de năut, morcovi și ceapă. Se toarnă lichidul de gătit peste anghinarea umplută.
j) Se orneaza cu patrunjel tocat inainte de servire.

10.Roți De Brioș De Anghinare și Pesto

INGREDIENTE:
- 4 cani de faina de paine
- ⅓ cană zahăr
- 1 lingurita sare
- 1 pachet de drojdie instant
- 1 cană apă caldă
- 3 ouă mari
- ½ cană unt nesărat, topit
- 1 cană inimioare de anghinare marinate, tocate
- ¼ cană sos pesto

INSTRUCȚIUNI:
a) Dizolvați drojdia în apă caldă și lăsați-o să stea timp de 5 minute.
b) Combinați făina, zahărul și sarea. Adăugați amestecul de drojdie, ouăle și untul topit. Se framanta pana se omogenizeaza.
c) Încorporați ușor inimioare de anghinare marinate tocate și sosul pesto.
d) Lăsați să crească, întindeți aluatul, întindeți uniform pesto și anghinare, apoi rulați într-un buștean.
e) Se taie in rotițe, se așează pe o foaie de copt și se lasă din nou la crescut.
f) Coaceți la 350°F (175°C) timp de 20-25 de minute.

11.Cești calde cu spanac și anghinare

INGREDIENTE:
- 24 de ambalaje Wonton
- 1 conserve (14 oz.) inimioare de anghinare, scurse, tocate mărunt
- 1 cană brânză Mozzarella măruntită KRAFT
- 1 pachet. (10 oz.) spanac tocat congelat, dezghețat, stors uscat
- 1/3 cană maioneza KRAFT cu ulei de măsline cu conținut redus de grăsimi
- 1/3 cană parmezan ras KRAFT
- 1/4 cana ardei rosii tocati marunt
- 2 catei de usturoi, tocati

INSTRUCȚIUNI:
a) Încălzește cuptorul la 350
b) PUNEȚI 1 ambalaj Wonton în fiecare dintre cele 24 de mini cupe de brioșe pulverizate cu spray de gătit, cu marginile învelișului extinzându-se peste ceașcă. Se coace 5 min. Între timp, combinați ingredientele rămase.
c) LINGURĂ amestecul de anghinare în cești Wonton.
d) COACEȚI 12 până la 14 min. sau până când umplutura este încălzită și marginile ceștilor sunt aurii.

12.Inimioare De Anghinare Si Prosciutto

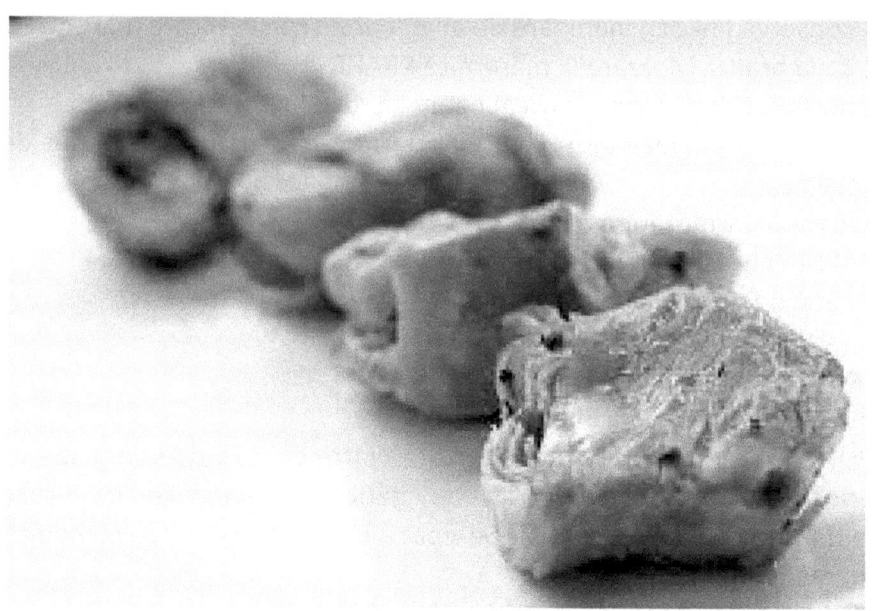

INGREDIENTE:
- 14 uncii Inimioare de anghinare, scurse
- ⅓ de kilograme de prosciutto, felii de hârtie subțire
- ¼ cană ulei de măsline
- ½ linguriță de cimbru uscat
- ½ lingurita coaja de portocala rasa fin
- Piper proaspăt măcinat

INSTRUCȚIUNI:
a) Înfășurați fiecare inimă de anghinare într-o felie de prosciutto și fixați-o cu o scobitoare.
b) Într-un castron separat, amestecați uleiul de măsline, cimbrul, coaja de portocală și piperul.
c) Se serveste la temperatura camerei.

13.Dip De Spanac Si Anghinare Cu Crostini Sau Pita

INGREDIENTE:
- 1 cană spanac congelat, dezghețat și scurs
- 1 cană inimioare de anghinare conservate, scurse și tocate
- 8 uncii cremă de brânză, înmuiată
- 1/2 cană smântână
- 1/2 cană maioneză
- 1/2 cană parmezan ras
- 1/2 cană brânză mozzarella mărunțită
- 2 catei de usturoi, tocati
- 1/2 lingurita sare
- 1/4 lingurita piper negru
- Pâine baghetă sau pita
- Ulei de masline
- Sare

INSTRUCȚIUNI:
a) Preîncălziți cuptorul la 350°F (175°C).
b) Într-un castron mare, combinați spanacul dezghețat și scurs, inimile de anghinare tocate, cremă de brânză, smântână, maioneză, parmezan, brânză mozzarella, usturoi tocat, sare și piper negru. Se amestecă bine până când toate ingredientele se combină uniform.
c) Transferați amestecul într-o tavă de copt și întindeți-l uniform.
d) Coacem in cuptorul preincalzit pentru aproximativ 20-25 de minute sau pana cand salsa este fierbinte si clocotita.
e) În timp ce dip se coace, pregătiți crostini sau chipsuri pita. Pentru crostini, feliați bagheta în felii subțiri. Ungeți feliile cu ulei de măsline și stropiți cu sare. Puneți-le pe o foaie de copt și prăjiți la cuptor pentru aproximativ 10 minute sau până când devin maro auriu și crocant.
f) Pentru chipsurile pita, tăiați pâinea pita în felii, ungeți-le cu ulei de măsline și stropiți cu sare. Coaceți-le la cuptor pentru aproximativ 10-12 minute sau până devin crocante.
g) Scoatem din cuptor spanac si anghinare si lasam sa se raceasca cateva minute.
h) Serviți dip cald cu crostini sau chipsuri pita.

14.Dip de roșii uscate și anghinare

INGREDIENTE:
- 1 cană roșii uscate la soare, ambalate în ulei
- 1 cutie inimioare de anghinare, scurse si tocate
- 1 cana crema de branza, moale
- ½ cană maioneză
- ½ cană smântână
- ½ cană parmezan, ras
- 2 catei de usturoi, tocati
- Sare si piper dupa gust

INSTRUCȚIUNI:
a) Preîncălziți cuptorul la 375 ° F (190 ° C).
b) Scurgeți roșiile uscate la soare și tăiați-le în bucăți mici.
c) Într-un castron mare, amestecați roșiile uscate la soare, inimioare de anghinare, cremă de brânză, maioneza, smântână, parmezan, usturoi, sare și piper.
d) Transferați amestecul într-o tavă de copt și coaceți timp de 20-25 de minute sau până când este fierbinte și clocotită.
e) Serviți cu biscuiți, pâine sau legume pentru înmuiere.

15.Crostini Salam Si Anghinare

INGREDIENTE:
- 1 bagheta taiata in felii de ¼ inch
- ulei de masline
- 2 căni de brânză ricotta
- 10 felii subtiri de salam taiate in sferturi
- Cutie de 12 uncii la marinat inimioare de anghinare, tocate
- sare si piper dupa gust

INSTRUCȚIUNI:
a) Setați cuptorul la 425 de grade Fahrenheit.
b) Folosiți covorașe de copt din silicon sau hârtie de copt pentru a căptuși o foaie de copt.
c) Ungeți un strat subțire de ulei de măsline pe fiecare felie de pâine înainte de a o pune pe tava de copt.
d) Coaceți pâinea în cuptor pentru aproximativ 5 minute până când este bine prăjită.
e) Scoateți din cuptor și răciți complet.
f) Ungeți fiecare felie de pâine cu brânză ricotta, asezonați cu sare și piper, apoi acoperiți cu salam și inimioare de anghinare tocate.

16.Rulouri de friptură cu spanac și anghinare

INGREDIENTE:
- 1 kilogram friptură de flanc
- Inimioare de anghinare de 15,5 uncii, scurse și tocate
- 2 căni de spanac baby, tocat
- 2 catei de usturoi, tocati
- 1 cană de ricotta
- ½ cană Cheddar alb mărunțit
- sare cușer
- Piper negru proaspăt măcinat

INSTRUCȚIUNI:

a) Preîncălziți cuptorul la 350°. Pe o placă de tăiat, friptură de fluture pentru a face un dreptunghi lung, care să se întindă.

b) Într-un castron mediu, combinați anghinarea, spanacul, usturoiul, ricotta și cheddarul și condimentați generos cu sare și piper.

c) Unti friptura cu dip de spanac-anghinare. Rulați strâns friptura, apoi tăiați rondele și coaceți până când friptura este gătită până la nivelul dorit, 23 până la 25 de minute pentru mediu. Serviți cu verdeață îmbrăcată.

17. Pesto de anghinare cu brânză

INGREDIENTE:
- 2 cani frunze proaspete de busuioc
- 2 linguri de brânză feta mărunțită
- ¼ cană parmezan proaspăt ras ¼ cană nuci de pin, prăjite
- 1 inima de anghinare, tocata grosier
- 2 linguri de roșii uscate la soare, tocate în ulei
- ½ cană ulei de măsline extravirgin
- 1 praf sare si piper negru dupa gust

INSTRUCȚIUNI:
a) Într-un robot de bucătărie mare, adăugați toate ingredientele, cu excepția uleiului și condimentele și pulsați până se combină.
b) În timp ce motorul funcționează încet, adăugați ulei și pulsați până se omogenizează.
c) Se condimentează cu sare și piper negru și se servește.

18.Chitrele de anghinare

INGREDIENTE:
- ½ kg de inimioare de anghinare, fierte și tăiate cubulețe
- 4 ouă, separate
- 1 lingurita Praf de copt
- 3 Cepe verzi, tocate
- 1 lingură coajă de lămâie rasă
- ½ cană de făină
- Sare si piper dupa gust
- 1 lingura amidon de porumb
- 4 cesti Ulei pentru prajit, ulei de arahide sau de porumb

INSTRUCȚIUNI:
a) Puneți inimioare de anghinare într-un castron mare și amestecați gălbenușurile de ou și praful de copt.
b) Adăugați ceapa verde. Îndoiți coaja de lămâie. Amestecați făina, sare și piper.
c) Într-un castron separat, bate albușurile și amidonul de porumb împreună până se formează vârfuri. Îndoiți albușurile în amestecul de anghinare.
d) Cu o lingură, aruncați cuburi de aluat de pâine în ulei.
e) Se prăjește până se rumenește
f) Scoateți fritlele cu o lingură cu fantă și scurgeți-le pe prosoape de hârtie.

19.Dip de spanac și anghinare la cuptor

INGREDIENTE:
- 14 uncii pot anghinare inimi, drenat și tocat
- 10 uncii congelate tocat spanac dezghețat
- 1 ceașcă real maia
- 1 ceașcă ras parmezan brânză
- 1 usturoi cuișoare presat

INSTRUCȚIUNI:
a) Dezgheț înghețat spanac apoi stoarce aceasta uscat cu ta mâinile.
b) Se amestecă împreună: drenat și tocat anghinare, stors spanac, 1 ceașcă maia, ¾ ceașcă parmezan brânză, 1 presat usturoi cuișoare, și transfer la A 1 litru caserolă sau plăcintă farfurie.
c) Stropiți pe restul ¼ ceașcă parmezan brânză.
d) Coace descoperit pentru 25 minute la 350°F sau pana cand încălzit prin. Servi cu ta favorit crostini, chipsuri, sau biscuiti.

20.Dip de anghinare

INGREDIENTE:
- 2 cupe de anghinare inimi, tocat
- 1 ceașcă maioneză sau ușoară maioneză
- 1 ceașcă măruntită parmezan

INSTRUCȚIUNI:
a) Combina toate ingredientele, și loc cel amestec în A uns coacerea farfurie. Coace pentru 30 minute la 350 °F.
b) Coace cel scufundare pana cand aceasta este ușor rumenit și clocotită pe top.

21.Dip cremoasă de anghinare

INGREDIENTE:
- 2 X 8 uncii pachete de cremă brânză, cameră temp
- ⅓ ceașcă acru cremă
- ¼ ceașcă maioneză
- 1 Lingura de masa lămâie suc
- 1 Lingura de masa Dijon muștar
- 1 usturoi cuișoare
- 1 linguriță Worcestershire sos
- ½ linguriță Fierbinte piper sos
- 3 X 6 uncii borcane de marinat anghinare inimi, drenat și tocat
- 1 ceașcă ras mozzarella brânză
- 3 ceai verde
- 2 linguriță tocat jalapeño

INSTRUCȚIUNI:
a) Folosind un electric mixer bate cel primul 8 ingrediente în A mare castron pana cand amestecate. Îndoiți în anghinare, mozzarella, ceai verde, și jalapeño.
b) Transfer la A coacerea farfurie.
c) Preîncălziți cel cuptor la 400 °F.
d) Coace scufundare pana cand clocotind și maro pe top- despre 20 minute.

22.Frigarui Antipasto

INGREDIENTE:
- Felii de salam, împăturite
- roșii cherry
- Biluțe proaspete de mozzarella
- Inimioare de anghinare marinate
- Măsline (verzi sau negre)
- Frunze de busuioc
- Glazură balsamică
- Sare
- Piper

INSTRUCȚIUNI:
a) Așezați o felie de salam împăturită, o roșie cherry, o bilă de mozzarella, o inimă de anghinare, o măsline și o frunză de busuioc pe fiecare frigărui.
b) Repetați până când toate frigăruile sunt asamblate.
c) Stropiți cu glazură balsamică și asezonați cu sare și piper după gust.

23.Paste cu pui cu nuci

INGREDIENTE:
- 6 felii de bacon
- 1 borcan (6 oz) inimioare de anghinare marinate, scurse
- 10 sulițe de sparanghel, capetele tăiate și tocate grosier
- 1/2 pachet (16 oz) rotini, cot sau penne
- 1 piept de pui fiert, paste cuburi
- 1/4 C. merisoare uscate
- 3 linguri de maioneză cu conținut scăzut de grăsimi
- 1/4 C. migdale feliate prăjite
- 3 linguri sos de salată cu vinaigretă balsamică
- sare si piper dupa gust
- 2 linguri de suc de lamaie
- 1 lingurita sos Worcestershire

INSTRUCȚIUNI:
a) Pune o tigaie mare la foc mediu. Gatiti in el baconul pana devine crocant. Scoateți-l din excesul de grăsime. Se sfărâmă și se pune deoparte.
b) Gatiti pastele conform instructiunilor de pe ambalaj.
c) Obțineți un castron mic: amestecați în el maiaua, vinaigreta balsamică, sucul de lămâie și sosul Worcestershire. Amesteca-le bine.
d) Luați un castron mare: aruncați în el pastele cu dressing. Adăugați anghinarea, puiul, merisoarele, migdalele, baconul mărunțit și sparanghelul, un praf de sare și piper.
e) Amestecați-le bine. Dati salata la frigider 1h 10 min apoi serviti-o.

24.Anghinare Cu Sos De Mărar

INGREDIENTE:
- 12 pui de anghinare
- Sarat la gust
- Suc de 2 lămâi
- 3 linguri ulei de masline
- 1 lingură muștar de Dijon
- ¼ cană mărar proaspăt, tocat mărunt
- Piper negru proaspăt măcinat după gust

INSTRUCȚIUNI:
a) Curățați anghinarea înmuiându-le în apă și schimbând apa până când rămâne limpede după înmuiere. Scoateți frunzele exterioare de anghinare.
b) Folosiți foarfece de bucătărie pentru a tăia vârfurile de pe frunzele de anghinare rămase, astfel încât vârful anghinării să aibă o înălțime uniformă. Scoateți sufocul spinos din centru. În această etapă, anghinarea ar trebui să semene cu o floare.
c) Puneți anghinarea într-o cratiță mare, adăugați puțină sare, acoperiți cu apă și aduceți la fierbere la foc mediu-mare. Odată ce anghinarea încep să fiarbă, reduceți căldura la mediu și continuați să fierbeți anghinarea până când sunt fragede.
d) Scurgeți anghinarea și puneți-le pe un platou mic de servire. Pune sucul de lamaie, uleiul de masline, mustarul de Dijon si mararul intr-un blender. Se amestecă pentru a forma o vinaigretă și se condimentează cu sare și piper după gust. Se toarnă dressingul peste anghinare.
e) Se serveste cald sau la temperatura camerei.

SCHEDE DE CHARCUTERIE

25.Consiliu pentru tapas spaniole

INGREDIENTE:
- Carne tăiată în felii (cum ar fi chorizo, șuncă Serrano sau salam)
- Brânză manchego, feliată
- Măsline marinate
- Inimioare de anghinare marinate
- Ardei roșii prăjiți
- Tortila spaniolă (omletă de cartofi și ouă, tăiată în bucăți mici)
- Pâine sau felii de baghetă
- Tartinată cu roșii și usturoi (cum ar fi toppingul cu bruschetta de roșii)
- Migdale spaniole sau alte nuci

INSTRUCȚIUNI:
a) Aranjați feliile de felii pe o masă mare de servire sau un platou.
b) Puneți brânza Manchego feliată alături de carne.
c) Aranjați măslinele marinate, inimile de anghinare marinate și ardeii roșii prăjiți în grupuri separate pe tablă.
d) Adăugați pe tablă tortilla spaniolă feliată.
e) Pune feliile de pâine sau de baghetă lângă celelalte ingrediente.
f) Serviți roșiile și usturoiul întins într-un vas mic lângă masă.
g) Împrăștiați migdale spaniole sau alte nuci în jurul tablei pentru un plus de crunch.
h) Serviți și bucurați-vă!

26.Tabla de brânză pentru aperitiv antipasto

INGREDIENTE:
- Mezeluri asortate (cum ar fi prosciutto, salam sau capicola)
- Brânzeturi asortate (cum ar fi mozzarella, provolone sau Asiago)
- Inimioare de anghinare marinate
- Măsline marinate
- Ardei roșii prăjiți
- Legume la grătar sau marinate (cum ar fi dovleceii sau vinetele)
- Paine asortata sau grisine
- Glazură balsamică sau reducere pentru burniță
- Busuioc proaspăt sau pătrunjel pentru ornat

INSTRUCȚIUNI:
a) Aranjați mezelurile asortate pe o masă mare de servire sau un platou.
b) Puneți brânzeturile asortate alături de carne.
c) Adăugați pe masă inimioare de anghinare marinate, măsline marinate și ardei roșii prăjiți.
d) Includeți legume la grătar sau marinate pentru un plus de aromă și varietate.
e) Oferiți o varietate de pâine sau grisine pentru ca oaspeții să se bucure cu carne și brânzeturi.
f) Stropiți ingredientele cu glazură balsamică sau reducere pentru o atingere acidulată și dulce.
g) Se ornează cu busuioc proaspăt sau pătrunjel pentru un plus de prospețime și atracție vizuală.
h) Serviți și bucurați-vă!

27.Italian Antipasto Platter

INGREDIENTE:
- Prosciutto feliat
- Soppressata feliata
- Mortadela feliată
- Inimioare de anghinare marinate
- Ardei roșii prăjiți marinați
- Rosii uscate la soare
- Bocconcini (bile mici de mozzarella)
- Grisoare
- Grissini (grisine învelite în prosciutto)
- Așchii de parmezan
- Glazură balsamică (pentru stropire)

INSTRUCȚIUNI:
a) Aranjați un platou sau o placă.
b) Puneți carnea tăiată pe platou, rulându-le dacă doriți.
c) Adăugați inimioare de anghinare marinate, ardei roșii prăjiți și roșii uscate la soare pe platou.
d) Puneți bocconcini și grisine pe platou.
e) Împrăștiați așchii de brânză parmezan peste platou.
f) Stropiți peste ingrediente glazură balsamică.
g) Serviți și bucurați-vă!

SANDWICHE-URI SI WRAP-uri

28.Mic dejun Sandwich cu spanac și anghinare

INGREDIENTE:
- 1 lingurita ulei de masline
- 1 cană frunze de spanac baby
- 1/4 cană inimioare de anghinare, tăiate grosier
- 4 albusuri, batute
- 1 felie de brânză mozzarella
- 2 rulouri din grâu integral sau brioșe englezești (prăjite dacă se dorește)

INSTRUCȚIUNI:
a) Într-o tigaie mare, încălziți uleiul de măsline la foc mediu.
b) Odată fierbinte, adăugați frunzele de spanac baby și inimioarele de anghinare tocate. Gatiti pana se ofileste spanacul, apoi scoateti amestecul din tigaie si dati deoparte.
c) În aceeași tigaie, adăugați albușurile bătute spumă și amestecați până când sunt fierte.
d) Împărțiți albușurile omletă uniform între jumătățile inferioare ale rulourilor din grâu integral sau ale brioșelor englezești.
e) Peste albușurile se pune amestecul de spanac și anghinare fiert.
f) Pune jumătate din felia de brânză mozzarella pe fiecare sandviș.
g) Întoarceți sandvișurile asamblate în tigaie și acoperiți pentru a se topi brânza, aproximativ 30 de secunde.
h) Acoperiți fiecare sandviș cu cealaltă jumătate de rulou integral sau brioșă englezească.
i) Serviți și bucurați-vă de deliciosul Sandviș de mic dejun cu spanac și anghinare!
j) Notă: puteți prăji rulourile din grâu integral sau brioșele englezești înainte de a asambla sandvișurile, dacă doriți.

29.Sandwich deschis cu spanac și anghinare

INGREDIENTE:
- 1 brioșă englezească
- 1 cană spanac congelat tocat, dezghețat
- 1 ½ cani de inimioare de anghinare congelate tocate, decongelate
- 6 uncii de crema de branza, la temperatura camerei
- ¼ cană smântână
- ¼ cană maioneză
- ⅓ ceasca de parmezan ras
- ½ linguriță fulgi de ardei roșu
- ¼ lingurita sare
- ¼ linguriță de usturoi pudră
- ½ cană de brânză mozzarella mărunțită
- Arpagic tăiat

INSTRUCȚIUNI:
a) Preîncălziți broilerul la mare.
b) Fierbeți spanacul și inimile de anghinare tocate în 1 cană de apă până devin fragede, apoi scurgeți-le bine.
c) Într-un castron, combinați spanacul scurs și anghinarea cu cremă de brânză, smântână, maioneză, parmezan ras, fulgi de ardei roșu, sare și usturoi pudră. Se amestecă până când toate ingredientele sunt bine amestecate.
d) Tăiați brioșa englezească în jumătate și așezați jumătățile pe o tavă de copt.
e) Puneți uniform amestecul de spanac și anghinare pe fiecare jumătate de brioșă englezească.
f) Presărați brânză mozzarella mărunțită deasupra amestecului.
g) Puneți foaia de copt sub broiler și gătiți până când brânza se topește și devine spumoasă, ceea ce durează de obicei doar câteva minute. Urmăriți-l îndeaproape pentru a preveni arderea.
h) Scoateți din broiler și ornat cu arpagic tăiat.
i) Servește-ți delicioasa brioșă englezească cu spanac și anghinare cât timp este fierbinte și bucură-te!

30.Brânză siciliană sfărâită cu capere și anghinare

INGREDIENTE:
- 5 inimioare de anghinare marinate, feliate
- 4 felii groase de pâine de țară, fie dulce, fie aluat
- 12 uncii provolone, mozzarella, manouri sau altă brânză blândă și topită, mărunțită
- 2 linguri ulei de masline extravirgin
- 4 catei de usturoi, feliati foarte subtiri sau tocati
- Aproximativ 2 linguri de otet de vin rosu
- 1 lingură capere în saramură, scurse
- 1 lingurita oregano uscat maruntit
- Mai multe măcinate de piper negru
- 2 lingurițe de pătrunjel proaspăt tocat

INSTRUCȚIUNI:
a) Preîncălziți broilerul.
b) Aranjați anghinarea pe pâine și puneți-le pe o foaie de copt, apoi acoperiți cu brânză.
c) Într-o tigaie grea antiaderentă, încălziți uleiul de măsline la foc mediu-mare, apoi adăugați usturoiul și rumeniți ușor. Adăugați oțet de vin roșu, capere, oregano și piper negru și gătiți un minut sau două sau până când lichidul se reduce la aproximativ 2 lingurițe.
d) Se amestecă pătrunjelul. Se pune peste pâinea acoperită cu brânză.
e) Se prăjește până când brânza se topește, face bule și devine aurie pe pete. Mănâncă imediat.

31. Sandwich cu pui Seattle

INGREDIENTE:
- 6 felii de pâine italiană
- ⅓ cană pesto de busuioc
- 3 uncii prosciutto feliat, opțional
- 1 conserve (14 uncii) de inimioare de anghinare, scurse și tăiate felii
- 1 (7 uncii) borcan de ardei roșii prăjiți, scurs și tăiați fâșii
- 12 uncii de pui fiert, tăiat în fâșii
- 4 -6 uncii de brânză provolone mărunțită

INSTRUCȚIUNI:
a) Înainte de a face ceva, preîncălziți cuptorul la 450 F.
b) Ungeți o parte a fiecărei felii de pâine cu pesto.
c) Aranjați feliile de prosciutto, urmate de felii de anghinare, fâșii de ardei roșu și fâșii de pui peste feliile de pâine.
d) Așezați 6 bucăți de folie peste o placă de tăiat. Puneți ușor fiecare sandviș într-o bucată de folie apoi înfășurați-l în jurul lui.
e) Puneți-le pe o tavă de copt apoi gătiți-le la cuptor pentru 9 minute.
f) Aruncați bucățile de folie și puneți sandvișurile deschise înapoi pe tavă.
g) Presărați peste ele brânza mărunțită. Se prăjesc sandvișurile la cuptor pentru încă 4 minute.
h) Servește-ți sandvișurile fierbinți cu toppingurile tale preferate.
i) Bucurați-vă.

32.Branza La Gratar Cu Anghinare

INGREDIENTE:
- 2 lingurite mustar Dijon
- 8 uncii Rulouri pentru sandvișuri, (4 rulouri) împărțite și prăjite
- ¾ uncie Felii de brânză americană fără grăsimi, (8 felii)
- 1 cană Inimioare de anghinare din conserva tăiate felii
- 1 Roșie, feliată de ¼ inch grosime
- 2 linguri Sos italian fără ulei

INSTRUCȚIUNI:
a) Întindeți ½ linguriță de muștar pe jumătatea superioară a fiecărei rulouri; pus deoparte.
b) Puneți jumătățile inferioare ale rulourilor pe o tavă de copt.
c) Acoperiți fiecare cu 2 felii de brânză, ¼ de cană de anghinare feliate și 2 felii de roșii; stropiți fiecare cu 1-½ linguriță de dressing.
d) Se fierb timp de 2 minute sau până când brânza se topește. Acoperiți cu vârfuri de rulouri.

FORM PRINCIPAL

33. Risotto cu anghinare

INGREDIENTE:
- 2 Anghinare
- 2 linguri unt pe bază de plante
- 1 Lămâie
- 2 linguri Ulei de masline
- 1 Ciuperca Portobello
- 2½ cană stoc de legume
- 1 ceapă; tocat
- 1 cană Vin alb sec
- 2 Catei de usturoi; tocat
- Sare si piper; la gust
- 1 cană Orez Arborio
- 1 lingura Pătrunjel; tocat

INSTRUCȚIUNI:
PREGĂTIȚI ANGHINAREA:
a) Începeți prin a pregăti anghinarea. Tăiați treimea superioară a fiecărei anghinare și îndepărtați orice frunze exterioare dure. Tăiați tulpina, lăsând aproximativ un inch intact.
b) Folosind un cuțit ascuțit sau un curățător de legume, tăiați stratul exterior dur al tulpinii.
c) Tăiați anghinarea în jumătate pe lungime și scoateți sufocul (centrul neclar) cu o lingură. Puneți imediat anghinarea într-un vas cu apă amestecată cu zeamă de lămâie pentru a nu se rumeni.
d) Tăiați ciuperca Portobello în sferturi, apoi tăiați fiecare sfert subțire. Tocați pătrunjelul și cățeii de usturoi.

GĂTIREA RISOTTO-ului:
e) Într-o cratiță, încălziți supa de legume la foc mediu până se fierbe. Într-o tigaie mare separată sau un cuptor olandez, încălziți uleiul de măsline și untul pe bază de plante la foc mediu. Adăugați ceapa tocată și usturoiul, gătind până se înmoaie și parfumează, aproximativ 2-3 minute.
f) Se amestecă orezul Arborio, acoperindu-l cu amestecul de ulei și unt. Gatiti inca 1-2 minute, lasand orezul sa se prajeasca putin.
g) Se toarnă vinul alb sec, amestecând continuu până când lichidul este absorbit în mare parte de orez.

h) Începeți să adăugați în orez bulionul de legume, câte o oală, amestecând des. Lăsați fiecare adăugare de bulion să fie absorbită de orez înainte de a adăuga mai mult. Continuați acest proces până când orezul este cremos și fraged, dar încă ușor ferm la mușcătură, aproximativ 20-25 de minute.
i) Odată ce risotto este aproape gătit, amestecați anghinarea rezervată, ciupercile feliate și pătrunjelul tocat. Gatiti inca 2-3 minute sau pana cand anghinarea si ciupercile sunt incinse si fragede.
j) Asezonați risottoul cu sare și piper după gust. Dacă doriți, stoarceți jumătatea de lămâie rămasă peste risotto pentru a adăuga o aromă strălucitoare, citrice.
k) Serviți risottoul de anghinare fierbinte, ornat cu pătrunjel tocat suplimentar, dacă doriți.

34.Anghinare Si Parmezan En Croute

INGREDIENTE:
- 1 foaie de aluat foietaj, decongelat
- 1 cană inimioare de anghinare, tocate
- ½ cană parmezan ras
- ½ cană cremă de brânză, moale
- 2 linguri maioneza
- 1 lingura suc proaspat de lamaie
- 2 catei de usturoi, tocati
- Sare si piper, dupa gust
- 1 ou, batut (pentru spalarea oualor)

INSTRUCȚIUNI:
a) Preîncălziți cuptorul la 400°F (200°C).
b) Întindeți aluatul foietaj pe o suprafață cu făină într-un dreptunghi.
c) Într-un castron, amestecați inimioare de anghinare tocate, parmezan ras, cremă de brânză, maioneza, suc proaspăt de lămâie, usturoi tocat, sare și piper. Asigurați-vă că ingredientele sunt bine combinate.
d) Întindeți uniform amestecul de anghinare și parmezan peste aluatul foietaj, lăsând un mic chenar pe margini.
e) Rulați cu grijă aluatul foietaj, începând de la una dintre părțile mai lungi. Sigilați marginile apăsându-le ușor.
f) Puneți anghinarea și parmezanul En Croute cu cusătura în jos pe o tavă de copt. Ungeți toată suprafața cu oul bătut pentru un finisaj auriu.
g) Folosește un cuțit ascuțit pentru a înțepa ușor partea de sus a aluatului pentru a permite aburului să iasă în timpul coacerii.
h) Coaceți în cuptorul preîncălzit timp de 20-25 de minute sau până când aluatul devine maro auriu și umflat.
i) Lăsați en croute să se răcească câteva minute înainte de a tăia felii. Serviți cald ca aperitiv sau garnitură aromată.

35.Tarta cu anghinare

INGREDIENTE:
- 1 crustă de plăcintă coaptă în orb într-un flaut de 10; d
- 1 tava de tarta
- 2 linguri ulei de masline
- 1-uncie panceta; juliană
- ½ cană ceapă tocată
- 2 linguri de eșalotă tocată
- Inimioare de anghinare tăiate juliană de 6 uncii
- 1 lingura de usturoi tocat
- ¼ cană smântână groasă
- 3 linguri sifonada de busuioc proaspat
- 1 suc de o lamaie
- ½ cană de brânză Parmigiano-Reggiano rasă
- ½ cană brânză asiago rasă
- 1 sare; la gust
- 1 piper negru proaspăt măcinat; la gust
- 1 cană sos de roșii cu ierburi; cald
- 1 lingura busuioc chiffonada
- 2 linguri de parmezan ras

INSTRUCȚIUNI:
a) Preîncălziți cuptorul la 350 de grade.
b) Într-o tigaie se încinge uleiul de măsline.
c) Se caleste pancetta timp de 1 minut.
d) Adăugați ceapa și eșalota și căleți timp de 2 pană la 3 minute.
e) Adăugați inimile și usturoiul și continuați să soțiți timp de 2 minute.
f) Adăugați smântana. Asezonați cu sare și piper. Se amestecă busuiocul și sucul de lămâie.
g) Luați de pe foc și răciți. Întindeți amestecul de anghinare pe fundul tăvii de tartă. Presărați brânza peste amestec.
h) Coaceți timp de 15 până la 20 de minute sau până când brânzeturile s-au topit și sunt aurii. Puneti o lingura de sos in centrul farfurii. Asezati o felie de tarta in centrul sosului.
i) Se ornează cu brânză rasă și busuioc.

36. Paella în stil mexican

INGREDIENTE:
- 1 broiler de pui întreg, tăiat
- 2 catei de usturoi
- ¼ cană ulei
- 1 kilogram de creveți cruzi
- 4 roșii mari, tăiate felii
- 1 kilogram de mazăre
- 12 inimioare de anghinare
- 1 ½ cană de orez brun
- 6 fire de sofran
- 1 cană ceapă tăiată cubulețe
- 1 ardei gras verde, taiat cubulete
- 1 ardei gras rosu, taiat cubulete
- 1 lingurita boia
- 1 cană de vin alb
- 2 căni de apă

INSTRUCȚIUNI:
a) Rumeniți puiul și usturoiul în ulei. Odată rumenite, scoateți bucățile de pui într-o caserolă mare.
b) Adăugați creveții, roșiile feliate, mazărea și inimioarele de anghinare în caserolă.
c) În același ulei folosit pentru rumenirea puiului, căliți orezul brun, șofranul, ceapa tăiată cubulețe și ardeiul gras verde și roșu tăiați cubulețe timp de aproximativ 7 minute.
d) Adăugați orezul și legumele sotate în caserolă. Presărați boia de ardei peste ingrediente.
e) Se toarnă vinul alb și apă.
f) Coaceți vasul descoperit la 350 de grade Fahrenheit timp de aproximativ 1 oră sau până când orezul este complet fiert.

37.Torta De Mamaliga Cu Ciuperci Si Anghinare

INGREDIENTE:
- 2 cani de ciuperci; feliate
- 1 cană dovlecel; feliate subțire
- 1 cană de dovleac galben; feliate subțire
- ½ cană ceapă verde; feliate subțire
- ¼ cană vin roșu sec
- 1 cană de roșii; tocat cu seminte
- ½ linguriță pudră de usturoi
- ¼ linguriță praf de ceapă
- 1 cutie (14 uncii) inimioare de anghinare; scursa si tocata grosier
- 1 pachet (10 uncii) spanac tocat congelat; dezghețat, scurs și stors uscat
- 1 cană brânză ricotta fără grăsimi
- ½ cană (2 uncii) brânză mozzarella parțial degresată; mărunțită
- ¼ cană (1 uncie) parmezan proaspăt; ras
- 3 albusuri mari; ușor bătută
- 1 ou mare
- 1¼ cană mămăligă
- ½ cană ardei gras roșu; tocat
- ¼ cană pătrunjel proaspăt; tocat
- 1 lingurita oregano; uscat
- ¾ lingurita Sare
- ½ linguriță Busuioc; uscat
- ¼ lingurita Piper
- 4 căni de apă
- ¼ cană (1 uncie) parmezan proaspăt; ras
- Spray de gatit

INSTRUCȚIUNI:

a) Pentru a pregăti umplutura cu spanac: Preîncălziți cuptorul la 350 0 F. Combinați primele cinci ingrediente într-o tigaie mare antiaderentă; amesteca bine. Gatiti la foc mediu-mare 7 minute sau pana cand legumele sunt fragede si lichidul aproape se evapora.

b) Se pune într-un castron; se amestecă roșia tocată, praf de usturoi, praf de ceapă, anghinare și spanacul. Combinați ingredientele rămase într-un castron mic; amesteca bine. Se adaugă la amestecul de ciuperci; amesteca bine. Pus deoparte.

c) Pentru a prepara mămăligă cu ierburi: Combină primele 7 ingrediente într-o cratiță mare.
d) Adăugați treptat apă, amestecând constant cu un tel. Se aduce la fierbere; reduceți căldura la mediu. Gatiti, 15 minute, amestecand des. Se amestecă parmezan. Turnați mămăligă într-o tigaie de 10 inci sub formă de arc acoperită cu spray de gătit, răspândind uniform.
e) Pentru a completa rețeta: întindeți umplutura de spanac peste mămăligă cu ierburi. Acoperiți cu 1 cană (¼ inch grosime) felii de roșii; stropiți cu ½ cană (2 uncii) de brânză mozzarella mărunțită, parțial degresată. Așezați tava pe o foaie de copt.
f) Coaceți, descoperit, la 350 de grade F timp de 1 oră sau până când se fixează.
g) Lasam sa se raceasca pe un gratar 10 minute. Tăiați în 8 felii și serviți cu sos de spaghete cu conținut scăzut de sodiu.

38.Plăcintă italiană cu anghinare

INGREDIENTE:
- 3 Ouă; Bătut
- 1 Pachet de 3 oz cremă de brânză cu arpagic; Înmuiat
- ¾ de lingurita Praf de usturoi
- ¼ de lingurita Piper
- 1½ cană Brânză Mozzarella, lapte parțial degresat; Mărunțit
- 1 cană Brânză ricotta
- ½ cană Maioneză
- 1 14 oz cutie de inimi de anghinare; Drenat
- ½ 15 oz cutie de fasole garbanzo, la conserva; Clătit și drenat
- 1 2 1/4 oz cutie măsline feliate; Drenat
- 1 2 Oz Borcan Pimientos; Cubulețe și scurs
- 2 linguri Pătrunjel; Tăiat
- 1 Crustă de plăcintă (9 inchi); Necopt
- 2 mici rosii; Taiat

INSTRUCȚIUNI:
a) Combinați ouăle, crema de brânză, pudra de usturoi și piperul într-un lighean mare. Combinați 1 cană de brânză mozzarella, brânză ricotta și maioneza într-un castron.
b) Se amestecă până se omogenizează totul bine.
c) Tăiați 2 inimioare de anghinare în jumătate și lăsați-le deoparte. Tăiați restul inimii.
d) Se amestecă amestecul de brânză cu inimioare tocate, fasole garbanzo, măsline, pimiento și pătrunjel. Umpleți coaja de patiserie cu amestecul.
e) Se coace 30 de minute la 350 de grade. Deasupra trebuie presărate restul de brânză mozzarella și parmezan.
f) Coaceți încă 15 minute sau până când se fixează.
g) Se lasa sa se odihneasca 10 minute.
h) Deasupra, aranjați felii de roșii și inimioare de anghinare tăiate în sferturi.

39.Seitan în tigaie cu anghinare și măsline

INGREDIENTE:
- 2 linguri ulei de masline
- 1 kilogram de seiitan, de casă sau cumpărat din magazin, tăiat în felii de 1/4 inch
- 2 catei de usturoi, tocati
- 1 cutie (14,5 uncii) de roșii tăiate cubulețe, scurse
- 1 1/2 cani de inimioare de anghinare conservate sau congelate (fierte), tăiate în felii de 1/4 inch
- 1 lingura capere
- 2 linguri patrunjel proaspat tocat
- Sare și piper negru proaspăt măcinat
- 1 cană Tofu Feta (opțional)

INSTRUCȚIUNI:
a) Preîncălziți cuptorul la 250°F. Într-o tigaie mare, încălziți 1 lingură de ulei la foc mediu-mare. Se adaugă seitanul și se rumenește pe ambele părți, aproximativ 5 minute.
b) Transferați seitanul pe un platou rezistent la căldură și păstrați-l cald în cuptor.
c) În aceeași tigaie, încălziți restul de 1 lingură de ulei la foc mediu. Adăugați usturoiul și gătiți până devine parfumat, aproximativ 30 de secunde.
d) Adăugați roșiile, inimile de anghinare, măslinele, caperele și pătrunjelul. Asezonați cu sare și piper după gust și gătiți până se încinge, aproximativ 5 minute. Pus deoparte.
e) Puneți seitanul pe un platou de servire, acoperiți cu amestecul de legume și stropiți cu tofu feta, dacă folosiți. Serviți imediat.

40.Risotto cu anghinare italian Truck-Stop

INGREDIENTE:
- 2 linguri ulei de masline
- 1 1/2 cani de inimioare de anghinare congelate, decongelate si tocate
- 2 catei de usturoi, tocati
- 1 1/2 cani de orez Arborio
- 1/2 cană vin alb sec
- 4 1/2 cani bulion fierbinte de legume, de casa (vezi bulion de legume usor) sau cumparat din magazin Sare si piper negru proaspat macinat
- 1/4 cană busuioc proaspăt tocat

INSTRUCȚIUNI:
a) Într-o cratiță mare, încălziți uleiul la foc mediu.
b) Adăugați inimile de anghinare și usturoiul. Acoperiți și gătiți până se înmoaie, timp de 5 minute. Adăugați orezul și amestecați pentru a se acoperi cu ulei.
c) Se adauga vinul si se amesteca usor pana se absoarbe lichidul.
d) Adăugați bulionul câte 1 cană, amestecând până când lichidul este absorbit înainte de fiecare adăugare. Se adauga sare si piper dupa gust.
e) Se fierbe până când orezul este moale și consistența cremoasă. Adăugați busuiocul și gust, potrivindu-se condimentele dacă este necesar. Serviți imediat.

41. Stracchino cu anghinare, lămâie și măsline

INGREDIENTE:
PENTRU ANGHINARE
- 1 lămâie
- 4 uncii de anghinare pentru copii (2 până la 3 anghinare)
- 1 lingura ulei de masline extravirgin
- 1 lingură de frunze de pătrunjel italian tăiate subțire
- 1 cățel mare de usturoi, tocat mărunt

PENTRU PIZZA
- 1 rundă de aluat de pizza
- 1 lingura ulei de masline extravirgin
- Sare cușer
- 2 uncii Stracchino, rupte în bucăți mici
- 1/2 uncie mozzarella cu umiditate scăzută, tăiată în cuburi de 1/2 inch
- 1 uncie măsline Taggiasche sau Niçoise fără sâmburi
- 1 linguriță de frunze de pătrunjel italian tăiate subțire
- 1 lămâie
- Faja de Parmigiano-Reggiano, pentru răzătoare
- 1/2 cană rucola împachetată lejer (de preferință rucola sălbatică)

INSTRUCȚIUNI:
a) Pentru a pregăti anghinarea, umpleți un vas mare cu apă. Tăiați lămâia în jumătate, stoarceți sucul în apă și aruncați jumătățile de lămâie în apă.

b) Scoateți frunzele exterioare de pe anghinare până când rămâneți doar cu centrele verde deschis. Tăiați capetele dure ale tulpinii, lăsând atașate până la 1 sau 2 inci. Folosind un curățător de legume sau un cuțit mic ascuțit, rade tulpinile de anghinare, dezvăluind tulpinile interioare de culoare verde deschis. Tăiați 1/2 inch până la 3/4 inch din vârfurile frunzelor, astfel încât acestea să aibă vârfuri plate și aruncați toate frunzele și bucățile tăiate.

c) Tăiați deasupra fundului pentru a elibera toate frunzele, desfaceți frunzele și puneți-le în apă acidulată pentru a preveni să se rumenească. Tăiați tulpinile subțiri și adăugați-le în apa acidulată. Pentru a pregăti anghinarea în avans, transferați-le, împreună cu apa acidulată, într-un recipient ermetic și lăsați-le la frigider până când sunteți gata să le folosiți sau până la două zile. Scurgeți frunzele și tulpinile. Uscați vasul și întoarceți anghinarea în bol. Adăugați uleiul de măsline, pătrunjelul și usturoiul și amestecați pentru a acoperi anghinarea cu condimente.

d) Pentru a pregăti pizza, pregătiți și întindeți aluatul și preîncălziți cuptorul.

e) Ungeți marginea aluatului cu ulei de măsline și asezonați toată suprafața cu sare. Împrăștiați frunzele de anghinare peste suprafața pizza pentru a o acoperi, lăsând o margine de 1 inch de pizza fără topping. Împrăștiați stracchino, mozzarella și măsline peste frunzele de anghinare. Glisați pizza în cuptor și coaceți până când brânza se topește și crusta este aurie și crocantă, 8 până la 12 minute. Scoateți pizza din cuptor și tăiați-o în sferturi.

f) Presărați pătrunjelul peste pizza și folosiți o microplane sau o altă răzătoare fină pentru a rade coaja de lămâie pe suprafață.

g) Peste pizza se rade un strat usor de Parmigiano-Reggiano, se presara rucola deasupra si se serveste.

42.Mămăligă mediteraneană încărcată

INGREDIENTE:
- 1 cană mămăligă
- 4 căni de bulion de legume
- 2 linguri ulei de masline
- 1 ceapa, tocata marunt
- 2 catei de usuroi, tocati
- 1 conserve (400 g) roșii tăiate cubulețe, scurse
- 1 cană inimioare de anghinare, tocate
- ½ cană măsline Kalamata, feliate
- 1 lingurita oregano uscat
- 1 lingurita busuioc uscat
- Sare si piper dupa gust
- ½ cană brânză feta, mărunțită (opțional, pentru garnitură)
- Pătrunjel proaspăt, tocat (pentru garnitură)

INSTRUCȚIUNI:
a) Într-o cratiță medie, aduceți bulionul de legume la fiert. Adaugati incet mamaliga, amestecand continuu pentru a evita cocoloasele.
b) Reduceți focul la mic și fierbeți, amestecând des, până când mămăliga devine groasă și cremoasă (urmați instrucțiunile de pe pachet).
c) Într-o tigaie separată, încălziți ulei de măsline la foc mediu. Adăugați ceapa tocată mărunt și căliți până devine translucid.
d) Adăugați usturoiul tocat în tigaie și prăjiți încă 1-2 minute.
e) Se amestecă roșiile tăiate cubulețe, inimile de anghinare tăiate, măsline Kalamata felii, oregano uscat, busuioc uscat, sare și piper. Gatiti 5-7 minute pana cand amestecul este incalzit.
f) Turnați amestecul de legume mediteraneene peste mămăligă, amestecând ușor pentru a se combina.
g) Dacă doriți, acoperiți cu brânză feta mărunțită și pătrunjel proaspăt înainte de servire.

PIZZA

43.Pizza cu spanac cu anghinare

INGREDIENTE:
- 1 cutie de fasole albă
- ¼ cană apă
- 2 linguri drojdie nutritiva
- ½ cană caju
- 1 lingura suc proaspat de lamaie
- 1 ceapa, tocata
- 5 căni de spanac proaspăt
- 2 catei de usturoi, tocati
- 1 conserve de inimioare de anghinare, scurse
- sare
- piper negru
- fulgi de ardei rosu
- 2 aluat de pizza prefabricat
- ½ cană de brânză mozzarella

INSTRUCȚIUNI:

a) Preîncălziți cuptorul la 350 °F.

b) Clătiți și scurgeți fasolea albă conservată și puneți-o într-un blender împreună cu caju, sucul de lămâie, apă și drojdia nutritivă. Dacă vrei să-i faci ceva mai ușor pentru blender, le poți înmuia în apă timp de 4-6 ore înainte de a le folosi. Pune deoparte.

c) Se incinge putin ulei intr-o tigaie mare si se caleste ceapa aproximativ 3 minute pana devine translucida. După 2 minute, adăugați usturoiul. Apoi adăugați 2 căni de spanac și gătiți încă 3 minute. Se amestecă amestecul de fasole albă și caju. Se condimentează cu sare, piper și fulgi de ardei roșu.

d) Întindeți uniform pe aluatul de pizza. Tăiați inimioarele de anghinare în sferturi și puneți-le pe pizza împreună cu spanacul rămas. Se presară cu brânză.

e) Coaceți pizza timp de 8 minute sau consultați instrucțiunile de pe ambalaj.

44.Ar tichoke și pizza cu măsline

INGREDIENTE:
- Crusta de pizza precoaptă de 12 inci
- ½ cană pesto
- 1 roșie coaptă, tocată
- ½ cană ardei gras verde, tocat
- Cutie de 2 uncii de măsline negre tocate, scurse
- ½ ceapa rosie, tocata
- Cutie de 4 uncii de inimioare de anghinare, scurse și tăiate felii
- 1 cană de brânză mărunțită

INSTRUCȚIUNI:
a) Setați cuptorul la 450 de grade F înainte de a face orice altceva.
b) Pune aluatul pe o tava pentru pizza.
c) Așezați un strat subțire de pesto peste crustă uniform și acoperiți cu legume și brânză.
d) Presărați pizza cu brânză și gătiți totul la cuptor pentru aproximativ 8-10 minute.

45.Pizza Pita cu rosii uscate

INGREDIENTE:
- 8 uncii de roșii uscate la soare
- ⅛ linguriță sos de ardei iute
- 4 pita
- 1½ cană brânză Fontina; fărâmă
- Cutie de 7 oz Inimi de anghinare; scurs și feliat
- ⅓ cană măsline coapte feliate
- 2 lingurițe Busuioc uscat
- Usturoi, presat

INSTRUCȚIUNI:
a) Preîncălziți foaia de copt în cuptorul la 450~. Scurgeți uleiul din roșiile marinate într-un castron mic; pune rosiile deoparte. Amestecați sosul de usturoi și ardei iute cu ulei.
b) Ungeți pe ambele părți ale pâinii. Acoperiți pâinea cu jumătate din brânză.
c) Aranjați roșiile, anghinarea, măslinele și ierburile peste brânză, împărțind în mod egal. Acoperiți cu brânză rămasă; pune pe tava de copt.
d) Coaceți 8 până la 10 minute până când pâinea este crocantă.

46.Pizza pesto cu anghinare

INGREDIENTE:
- 1 crusta de pizza pregatita
- ¼ cană sos pesto
- 6 oz. piept de pui la gratar, feliat
- 1 (6 oz.) borcane inimioare de anghinare marinate în sferturi, scurse
- 1/3 cana rosii uscate la soare impachetate in ulei, scurse si tocate
- 2 oz. usturoi și brânză de capră
- 1 ½ cană de brânză de pizza mărunțită, amestecați ulei de măsline cu aromă de usturoi prăjit, pentru peria crustei

INSTRUCȚIUNI:
a) Setați cuptorul la 400 de grade F înainte de a face orice altceva
b) Ungeți crusta cu ulei de usturoi uniform și acoperiți cu pesto, urmat de pui, anghinare, roșii, brânză de capră și brânză.
c) Gatiti la cuptor aproximativ 10 minute.
d) Scoateți din cuptor și savurați fierbinți.

47.Four Seasons Pizza/Quattro Stagioni

INGREDIENTE:
- 1 reteta de aluat de baza traditional italian
- Mozzarella, 6 uncii, feliată
- Prosciutto, 3 uncii, feliat
- Ciupercă shiitake, o ceașcă, feliată
- Măsline, ½ cană, feliate
- Sos pizza, o jumătate de cană
- Inimioare de anghinare sferturi, O cană
- Parmigiana ras, 2 uncii

INSTRUCȚIUNI:
a) Modelați aluatul într-un cerc cu diametrul de 14 inci. Faceți acest lucru ținând marginile și rotind și întinzând cu grijă aluatul.
b) Ungeți aluatul cu sos de pizza.
c) Distribuiți uniform feliile de mozzarella deasupra.
d) Mai târziu, inimioare de anghinare, prosciutto, ciuperci și măsline în patru sferturi din pizza.
e) Presarati parmigiana rasa deasupra.
f) Grill/Coaceți timp de 18 minute.

48.cu anghinare și prosciutto pita

INGREDIENTE:
- Inimioare de anghinare tocate
- Ceapa rosie, feliata
- Brânză mozzarella mărunțită, o cană
- Busuioc proaspăt, pentru ornat
- Prosciutto
- Sos de ardei roșu prăjit, o cană
- Parmezan, O jumătate de cană, Ras
- Ardei roșii prăjiți

INSTRUCȚIUNI:
a) Încinge cuptorul la 450 de grade Fahrenheit.
b) Ungeți ușor fiecare pita cu ulei de măsline pe ambele părți.
c) Aplicați sos de ardei roșu și mozzarella mărunțită peste fiecare pita.
d) Acoperiți cu sare, parmezan și mai multe toppinguri tocate mărunt.
e) Coaceți timp de 5 minute și serviți ornat cu busuioc proaspăt.

PASTE

49.Paste de petrecere cu prosciutto

INGREDIENTE:
- 1 pachet (12 uncii) fettuccine cu spanac
- ½ cană unt; împărțit
- 2 cesti fasii subtiri de prosciutto; (aproximativ ⅓ de liră)
- 5½ cană smântână pentru frișcă
- 1 cutie (14 uncii) inimioare de anghinare; se scurge si se taie in jumatate
- ½ cană de arpagic tocat proaspăt sau congelat

INSTRUCȚIUNI:
a) Gatiti pastele conform instructiunilor de pe ambalaj; scurgere. Topiți ¼ de cană de unt într-un cuptor olandez la foc mediu.
b) Adăugați prosciutto; se caleste pana se rumeneste. Scurgere.
c) Pus deoparte.
d) Topiți restul de ¼ de cană de unt într-un cuptor olandez la foc mediu. Adăugați pastele fierte, frișcă, inimioare de anghinare și ¼ de cană de arpagic; arunca usor.
e) Transferați pe un platou de servire; se presară cu prosciutto și arpagicul rămas.
f) Serviți imediat.

50.Spanac și anghinare Mac-And-Brânză la cuptor

INGREDIENTE:
- 6 linguri de unt sarat, la temperatura camerei
- 1 cutie (1 kilogram) de paste scurte, cum ar fi macaroane
- 2 cani de lapte integral
- 1 pachet (8 uncii) de cremă de brânză, tăiat cubulețe
- 3 căni de brânză cheddar mărunțită
- Sare kosher și piper proaspăt măcinat
- Piper Cayenne măcinat
- 2 căni de spanac baby proaspăt ambalate, tocat
- 1 borcan (8 uncii) de anghinare marinate, scurse și tocate grosier
- 1½ cană de biscuiți Ritz zdrobiți (aproximativ 1 mânecă)
- ¾ linguriță de usturoi pudră

INSTRUCȚIUNI:
a) Preîncălziți cuptorul la 375°F. Ungeți o tavă de copt de 9 × 13 inchi.
b) Într-o cratiță mare, aduceți 4 căni de apă cu sare la fiert la foc mare. Adăugați pastele și gătiți, amestecând din când în când, timp de 8 minute. Se adauga laptele si crema de branza si se fierbe pana cand crema de branza se topeste si pastele sunt al dente, inca 5 minute.
c) Scoateți tigaia de pe foc și adăugați 2 căni de cheddar și 3 linguri de unt. Asezonați cu sare, piper și cayenne. Se amestecă spanacul și anghinarea. Dacă sosul se simte prea gros, adăugați ¼ de cană de lapte sau apă pentru a-l dilua.
d) Transferați amestecul în vasul de copt pregătit. Acoperiți cu restul de 1 cană de cheddar.
e) Într-un castron mediu, amestecați biscuiții, restul de 3 linguri de unt și pudra de usturoi. Presărați pesmeturile uniform peste mac și brânză.
f) Coaceți până când sosul clocotește și firimiturile sunt aurii aproximativ 20 de minute. Se lasa la racit 5 minute si se serveste. Păstrați resturile la frigider într-un recipient ermetic timp de până la 3 zile.

51.Ravioli de anghinare-nuci

INGREDIENTE:
- $1/3$ cană plus 2 linguri ulei de măsline
- 3 catei de usturoi, tocati
- 1 pachet (10 uncii) de spanac congelat, dezghețat și stors uscat
- 1 cană inimioare de anghinare congelate, dezghețate și tocate
- $1/3$ cană tofu ferm, scurs și mărunțit
- 1 cană bucăți de nucă prăjită
- $1/4$ cană pătrunjel proaspăt bine împachetat
- Sare și piper negru proaspăt măcinat
- 1 aluat de paste fără ou
- 12 frunze proaspete de salvie

INSTRUCȚIUNI:
a) Într-o tigaie mare, încălziți 2 linguri de ulei la foc mediu. Adăugați usturoiul, spanacul și inimioarele de anghinare. Acoperiți și gătiți până când usturoiul este moale și lichidul este absorbit, aproximativ 3 minute, amestecând din când în când. Transferați amestecul într-un robot de bucătărie. Adăugați tofu, 1/4 cană de nuci, pătrunjelul și sare și piper după gust. Procesați până se toca și se amestecă bine.
b) Se da deoparte la racit.
c) Pentru a face ravioli, întindeți aluatul foarte subțire (aproximativ 1/8 inch) pe o suprafață ușor făinată și tăiați-l în fâșii de 2 inci lățime. Pune 1 linguriță grămadă de umplutură pe o fâșie de paste, la aproximativ 1 inch de sus. Pune o altă linguriță de umplutură pe fâșia de paste, la aproximativ 1 inch sub prima lingură de umplutură. Repetați pe toată lungimea benzii de aluat.
d) Udați ușor marginile aluatului cu apă și puneți o a doua fâșie de paste deasupra primei, acoperind umplutura.
e) Presă cele două straturi de aluat împreună între porțiunile de umplutură. Folosiți un cuțit pentru a tăia părțile laterale ale aluatului pentru a-l face drept, apoi tăiați aluatul între fiecare movilă de umplutură pentru a face ravioli pătrați. Folosiți dinții unei furculițe pentru a apăsa de-a lungul marginilor aluatului pentru a sigila ravioli. Transferați ravioli pe o farfurie cu făină și repetați cu aluatul rămas și umplutura.
f) Gătiți ravioli într-o oală mare cu apă clocotită cu sare până când plutesc până deasupra, aproximativ 7 minute. Se scurge bine si se da deoparte. Într-o tigaie mare, încălziți 1/3 cană de ulei rămasă la foc mediu. Adăugați salvie și restul de ¾ de cană de nucă și gătiți până când salvia devine crocantă și nucile devin parfumate.
g) Adăugați ravioli fierte și gătiți, amestecând ușor, pentru a se acoperi cu sosul și încălziți. Serviți imediat.

52.Penne Paella Cu Spanac Si Anghinare

INGREDIENTE:
- 8 uncii de paste penne
- 1 cutie inimioare de anghinare, scurse si tocate
- 2 căni de spanac proaspăt
- 1 ceapa, tocata marunt
- 2 catei de usturoi, tocati
- 1 ardei gras rosu, taiat cubulete
- 1 lingurita boia afumata
- ½ linguriță fire de șofran (opțional)
- 2 căni de bulion de legume
- Sare si piper dupa gust
- Ulei de măsline pentru gătit
- Parmezan ras pentru decor

INSTRUCȚIUNI:

a) Gătiți pastele penne conform instrucțiunilor de pe ambalaj. Scurgeti si puneti deoparte.
b) Într-o tigaie mare, încălziți ulei de măsline la foc mediu. Adăugați ceapa, usturoiul și ardeiul gras. Se caleste pana cand legumele sunt fragede.
c) Se amestecă boia de ardei afumată și fire de șofran (dacă se folosește).
d) Adăugați inimioare de anghinare și spanac proaspăt în tigaie. Gatiti pana se ofileste spanacul.
e) Se toarnă bulion de legume și se lasă să fiarbă câteva minute.
f) Adăugați pastele penne fierte și amestecați până când sunt bine acoperite. Asezonați cu sare și piper.
g) Se ornează cu parmezan ras înainte de servire.

53. Agnolotti cu sos de anghinare

INGREDIENTE:
PENTRU SOS:
- 1 pachet (9 uncii) de inimioare de anghinare congelate, dezghețate și tocate
- 1 cana mazare congelata (nu se dezgheta)
- 1 cană jumătate și jumătate
- 1 cățel de usturoi, zdrobit
- ⅛ linguriță fulgi de ardei roșu
- 1 lingurita coaja de lamaie rasa fin
- 2 lingurite suc proaspat de lamaie
- Sare

PENTRU PASTE:
- 1 kilogram de brânză refrigerată agnolotti (sau ravioli)
- 1 cană parmezan ras
- ¼ cană frunze de busuioc proaspăt, tocate

INSTRUCȚIUNI:
PENTRU SOS:
a) Combinați anghinarea, jumătate și jumătate, usturoiul, fulgii de ardei roșu și ¼ de linguriță de sare într-o pungă sigilată în vid.
b) Setați aparatul Sous Vide la 165F/73,8C și puneți punga în baia de apă timp de 30 de minute.

PENTRU PASTE:
c) În timp ce sosul se fierbe, aduceți o oală cu apă la fiert și adăugați agnolotti. Scurge pastele dar păstrează jumătate din apa pentru paste.
d) Încinge o tigaie la foc mediu, iar când sosul este terminat în aparatul Sous Vide, scoateți punga din apă și turnați conținutul în tigaie. Adăugați pastele și ½ cană de apă pentru paste și amestecați pentru a se acoperi.
e) Apoi adăugați parmezanul și amestecați. Serviți deasupra cu busuioc tocat.

54.Paste papion cu homar şi anghinare

INGREDIENTE:
- 8 uncii de paste cu papion
- 2 cozi de homar, fierte si carnea scoasa
- 1 cană inimioare de anghinare, scurse și tocate
- 2 linguri de unt
- 2 catei de usturoi, tocati
- ½ cană supă de pui sau legume
- ½ cană smântână groasă
- ¼ cană parmezan ras
- 1 lingura suc proaspat de lamaie
- Sare si piper dupa gust
- Pătrunjel proaspăt, tocat (pentru garnitură)

INSTRUCȚIUNI:
a) Gatiti pastele cu papion conform instructiunilor de pe ambalaj pana al dente. Scurgeti si puneti deoparte.
b) Într-o tigaie mare, topește untul la foc mediu. Se adauga usturoiul tocat si se caleste aproximativ un minut pana se parfumeaza.
c) Adăugați inimioarele de anghinare în tigaie și gătiți timp de 2-3 minute, amestecând din când în când.
d) Adăugați carnea de homar în tigaie și gătiți încă 2 minute, amestecând ușor pentru a se combina cu anghinarea.
e) Se toarnă bulionul de pui sau de legume și se lasă la fiert. Se lasa sa fiarba cateva minute pana cand bulionul scade putin.
f) Reduceți focul la mic și adăugați smântâna groasă, parmezanul și sucul de lămâie. Se condimenteaza cu sare si piper dupa gust. Fierbeți ușor timp de 3-4 minute, permițând aromelor să se îmbine.
g) Adăugați pastele fierte cu papion în tigaie și amestecați totul până când pastele sunt bine acoperite cu sos.
h) Se ia de pe foc si se orneaza cu patrunjel tocat.
i) Serviți imediat pastele cu papion cu homar și anghinare, cât sunt încă fierbinți. Il poti insoti cu o salata sau cu crusta de paine.

55.Lasagna De Ton și Anghinare

INGREDIENTE:
- 9 taitei lasagna
- 2 conserve de ton, scurse si fulgi
- 1 cana inimioare de anghinare tocate (conservate sau congelate)
- ½ cană măsline negre tocate
- ½ cană de roșii uscate la soare mărunțite
- 1 cană de brânză ricotta
- 1 cană de brânză mozzarella mărunțită
- ½ cană parmezan ras
- 2 cani de sos marinara
- 1 lingurita busuioc uscat
- Sare si piper dupa gust

INSTRUCȚIUNI:
a) Preîncălziți cuptorul la 375 ° F (190 ° C) și ungeți ușor o tavă de copt de 9 x 13 inci.
b) Gătiți tăițeii lasagna conform instrucțiunilor de pe ambalaj. Scurgeti si puneti deoparte.
c) Într-un castron, combinați tonul, inimile de anghinare tocate, măslinele negre, roșiile uscate la soare, brânza ricotta, brânză mozzarella mărunțită, parmezanul ras, busuioc uscat, sare și piper. Amesteca bine.
d) Întindeți un strat subțire de sos marinara pe fundul vasului de copt. Pune trei tăiței lasagna deasupra.
e) Întindeți un strat din amestecul de ton peste tăiței. Repetați straturile cu trei tăiței lasagna și mai mult amestec de ton.
f) Acoperiți cu restul de trei tăiței lasagna și turnați deasupra sosul marinara rămas.
g) Presărați parmezan ras suplimentar deasupra pentru un plus de aromă.
h) Acoperiți tava de copt cu folie și coaceți timp de 25 de minute.
i) Scoateți folia și coaceți încă 10 minute până când brânza este topită și clocotește.
j) Se lasa sa se raceasca cateva minute inainte de servire.

56.Lasagna cu spanac și anghinare

INGREDIENTE:
- 12 taitei lasagna
- 2 cani de sos bechamel (sos alb)
- 1 cană spanac tocat
- 1 cană inimioare de anghinare marinate, tocate
- 1 cana ceapa taiata cubulete
- 3 catei de usturoi, tocati
- 2 linguri ulei de masline
- 1 lingura drojdie nutritiva
- Sare si piper dupa gust
- Brânză mozzarella vegană (pentru topping)

INSTRUCȚIUNI:
a) Preîncălziți cuptorul la 375 ° F (190 ° C) și gătiți tăițeii lasagna conform instrucțiunilor de pe ambalaj.
b) Într-o tigaie mare, încălziți uleiul de măsline la foc mediu. Adăugați ceapa și usturoiul și căleți până se înmoaie.
c) Adăugați spanacul tocat și gătiți până se ofilește. Se amestecă inimile de anghinare tocate, drojdia nutritivă, sare și piper. Amesteca bine.
d) Întindeți un strat subțire de sos bechamel pe fundul unui vas de copt. Aranjați deasupra un strat de tăiței lasagna fierți.
e) Peste tăiței se întinde un strat de amestec de spanac și anghinare. Repetați straturile.
f) Acoperiți lasagna cu sosul bechamel rămas.
g) Presărați brânză mozzarella deasupra lasagnei.
h) Acoperiți tava de copt cu folie și coaceți timp de 25 de minute. Scoateți folia și coaceți încă 10 minute până când lasagna este încălzită și brânza este topită și clocotită.
i) Lasati lasagna sa se raceasca cateva minute inainte de servire.

57.Gnocchi cu ciuperci și anghinare

INGREDIENTE:
- 1 cană gnocchi
- 2 cani de ciuperci feliate (cum ar fi ciuperci cremini sau buton)
- 1 cană inimioare de anghinare marinate, scurse și tocate
- 2 linguri ulei de masline
- 2 catei de usturoi, tocati
- ¼ cană pătrunjel proaspăt tocat
- Sare si piper dupa gust
- Parmezan ras pentru servire

INSTRUCȚIUNI:
a) Gatiti gnocchi conform instructiunilor de pe ambalaj pana cand plutesc la suprafata. Scurgeti si puneti deoparte.
b) Într-o tigaie, încălziți uleiul de măsline la foc mediu.
c) Adăugați usturoiul tocat și gătiți până se parfumează.
d) Adăugați ciupercile feliate în tigaie și căliți-le până devin fragede și aurii.
e) Se amestecă inimile de anghinare tocate și pătrunjelul proaspăt tocat. Gatiti cateva minute pentru a combina aromele.
f) Adăugați gnocchi fierți în tigaie și amestecați până când sunt bine acoperiți cu ciuperci și anghinare.
g) Se condimenteaza cu sare si piper dupa gust.
h) Serviți Gnocchi cu ciuperci și anghinare cu parmezan ras presarat deasupra.

58.Gratin de Paste Cu Legume Provesale

INGREDIENTE:
- 2 linguri ulei de masline
- 3 salote medii, tocate
- 2 catei de usturoi, tocati
- 1 ardei gras rosu mediu, tocat
- 1 dovlecel mediu, tocat
- 1 cutie de roșii zdrobite (28 uncii).
- 1/2 lingurita de cimbru uscat
- 1 lingură pătrunjel proaspăt tocat cu frunze plate
- Sare și piper negru proaspăt măcinat
- 12 uncii penne sau alte paste mici
- 1 cană inimioare de anghinare conservate, scurse și clătite
- 1/2 cană pesmet uscat necondimentat

INSTRUCȚIUNI:
a) Într-o tigaie mare, încălziți uleiul la foc mediu. Adaugati salota si usturoiul si gatiti pana se inmoaie, aproximativ 3 minute.
b) Adăugați ardeiul gras și dovlecelul și gătiți până se înmoaie, aproximativ 10 minute. Se amestecă roșiile, cimbrul, pătrunjelul și sare și piper negru după gust.
c) Se toaca marunt anghinarea si se adauga in tigaie. Reduceți focul la mic și fierbeți 10 minute pentru a amesteca aromele. Preîncălziți cuptorul la 350°F. Unge ușor un vas gratinat de 2 litri sau o caserolă și pune deoparte.
d) Într-o oală cu apă clocotită cu sare, gătiți penne, amestecând din când în când, până când sunt al dente, aproximativ 10 minute. Se scurge si se intoarce in oala. Adăugați amestecul de legume în paste, amestecați bine pentru a se combina și apoi transferați în felul de mâncare pregătit.
e) Acoperiți cu pesmet, acoperiți cu folie și coaceți până se încinge, aproximativ 30 de minute. Descoperiți și coaceți încă 10 minute pentru a rumeni firimiturile. Serviți imediat.

59.Năut și paste spaniole

INGREDIENTE:
- 2 linguri ulei de masline
- 2 catei de usturoi, tocati
- ½ lingură boia afumată
- 1 lingura de chimion macinat
- ½ lingură oregano uscat
- ¼ de lingură piper cayenne
- Piper negru proaspăt spart
- 1 ceapa galbena
- 2 căni de paste nefierte fără gluten
- Cutie de 15 uncii de roșii tăiate cubulețe
- Cutie de 15 uncii de inimioare de anghinare
- cutie de năut de 19 uncii
- 1,5 cani supa de legume
- ½ linguriță sare
- ¼ de legătură de pătrunjel proaspăt, tocat
- 1 lămâie proaspătă

INSTRUCȚIUNI:
a) Pune usturoiul într-o tigaie mare cu ulei de măsline.
b) Se fierbe timp de 2 minute sau până când legumele sunt moi și parfumate.
c) În tigaie, adăugați boia de ardei afumată, chimen, oregano, ardei cayenne și piper negru proaspăt spart.
d) Se amestecă condimentele în uleiul fierbinte încă un minut.
e) Adăugați ceapa în tigaie, tăiată cubulețe.
f) Gatiti pana ce ceapa este moale si translucida.
g) Adăugați pastele și gătiți încă 2 minute.
h) Scurgeți năutul și inimile de anghinare înainte de a le adăuga în tigaie cu roșiile tăiate cubulețe, bulion de legume și jumătate de linguriță de sare.
i) Adăugați pătrunjel în tigaie, rezervând puțin pentru a presăra peste vasul finit.
j) Amestecați toate ingredientele în tigaie până se combină uniform.
k) Se aduce la fierbere, apoi se reduce la fiert timp de 20 de minute.
l) Se scoate capacul, se pufeaza cu o furculita si se orneaza cu restul de patrunjel tocat.
m) Tăiați lămâia felii și stoarceți sucul peste fiecare porție.

SUPE

60.Supă cremoasă de anghinare

INGREDIENTE:
- 2 cutii (14 uncii fiecare) inimioare de anghinare, scurse și tocate
- 1 ceapa, tocata
- 2 catei de usturoi, tocati
- 4 căni de bulion de legume
- 1 cană smântână groasă
- Sare si piper dupa gust

INSTRUCȚIUNI:
a) Intr-o oala mare caliti ceapa tocata si usturoiul tocat pana se inmoaie.
b) Adăugați inimioarele de anghinare tocate în oală și gătiți încă 5 minute.
c) Se toarnă bulionul de legume și se aduce amestecul la fiert. Se lasa sa fiarba aproximativ 15-20 de minute.
d) Folosind un blender de imersie sau un blender obișnuit, pasați supa până când se omogenizează.
e) Se amestecă smântâna groasă și se condimentează cu sare și piper după gust.
f) Se serveste fierbinte, optional garnisita cu un strop de parmezan ras sau patrunjel tocat.

61.Supă de anghinare cu lămâie

INGREDIENTE:
- 2 cutii (14 uncii fiecare) inimioare de anghinare, scurse și tocate
- 1 ceapa, tocata
- 2 catei de usturoi, tocati
- 4 cesti supa de pui sau legume
- Coaja și zeama de la 1 lămâie
- 1/2 cană smântână groasă
- Sare si piper dupa gust

INSTRUCȚIUNI:
a) Într-o oală de supă, căliți ceapa tocată și usturoiul tocat până se înmoaie.
b) Adăugați inimioarele de anghinare tocate în oală și gătiți încă 5 minute.
c) Se toarnă bulionul de pui sau de legume și se aduce amestecul la fiert. Se lasa sa fiarba aproximativ 15-20 de minute.
d) Adăugați zeama și coaja de lămâie în oală și amestecați bine.
e) Folosind un blender de imersie sau un blender obișnuit, pasați supa până când se omogenizează.
f) Se amestecă smântâna groasă și se condimentează cu sare și piper după gust.
g) Se serveste cald, optional garnisit cu o felie de lamaie sau cimbru proaspat.

62.Supă picant de anghinare

INGREDIENTE:
- 2 cutii (14 uncii fiecare) inimioare de anghinare, scurse și tocate
- 1 ceapa, tocata
- 2 catei de usturoi, tocati
- 4 căni de bulion de legume
- 1/2 linguriță fulgi de ardei roșu (ajustați după gust)
- 1/4 cană pătrunjel proaspăt tocat
- Sare si piper dupa gust

INSTRUCȚIUNI:
a) Intr-o oala mare caliti ceapa tocata si usturoiul tocat pana se inmoaie.
b) Adăugați inimioarele de anghinare tocate în oală și gătiți încă 5 minute.
c) Se toarnă bulionul de legume și se aduce amestecul la fiert. Se lasa sa fiarba aproximativ 15-20 de minute.
d) Se amestecă fulgii de ardei roșu și pătrunjelul tocat.
e) Folosind un blender de imersie sau un blender obișnuit, pasați supa până când se omogenizează.
f) Se condimenteaza cu sare si piper dupa gust.
g) Se servește fierbinte, opțional garnisită cu un strop de ulei de măsline sau cu o stropire suplimentară de fulgi de ardei roșu.

63. Supă de anghinare cu ierburi

INGREDIENTE:
- 2 cutii (14 uncii fiecare) inimioare de anghinare, scurse și tocate
- 1 ceapa, tocata
- 2 catei de usturoi, tocati
- 4 cesti supa de pui sau legume
- 1 lingurita de cimbru uscat
- 1 lingurita busuioc uscat
- 1/2 lingurita oregano uscat
- Sare si piper dupa gust

INSTRUCȚIUNI:
a) Într-o oală de supă, căliți ceapa tocată și usturoiul tocat până se înmoaie.
b) Adăugați inimioarele de anghinare tocate în oală și gătiți încă 5 minute.
c) Se toarnă bulionul de pui sau de legume și se aduce amestecul la fiert. Se lasa sa fiarba aproximativ 15-20 de minute.
d) Se amestecă cimbru uscat, busuioc și oregano.
e) Folosind un blender de imersie sau un blender obișnuit, pasați supa până când se omogenizează.
f) Se condimenteaza cu sare si piper dupa gust.
g) Se serveste fierbinte, optional garnisita cu o crenguta de ierburi proaspete sau un strop de ierburi uscate.

64. Supă mediteraneană de anghinare și roșii

INGREDIENTE:
- 2 cutii (14 uncii fiecare) inimioare de anghinare, scurse și tocate
- 1 ceapa, tocata
- 2 catei de usturoi, tocati
- 1 conserve (14 uncii) de roșii tăiate cubulețe
- 4 căni de bulion de legume
- 1 lingurita oregano uscat
- 1/2 lingurita busuioc uscat
- Sare si piper dupa gust

INSTRUCȚIUNI:
a) Intr-o oala mare caliti ceapa tocata si usturoiul tocat pana se inmoaie.
b) Adăugați inimioarele de anghinare tocate în oală și gătiți încă 5 minute.
c) Se amestecă roșiile tăiate cubulețe, bulionul de legume, oregano uscat și busuioc uscat.
d) Aduceți amestecul la fiert și lăsați-l să fiarbă aproximativ 15-20 de minute.
e) Folosind un blender de imersie sau un blender obișnuit, pasați supa până când se omogenizează.
f) Se condimenteaza cu sare si piper dupa gust.
g) Se serveste fierbinte, optional garnisita cu un strop de ulei de masline si un strop de parmezan ras.

65.Supă de anghinare și cartofi

INGREDIENTE:
- 2 cutii (14 uncii fiecare) inimioare de anghinare, scurse și tocate
- 2 cartofi, curatati si taiati cubulete
- 1 ceapa, tocata
- 2 catei de usturoi, tocati
- 4 cesti supa de pui sau legume
- 1/2 cană smântână groasă
- Sare si piper dupa gust

INSTRUCȚIUNI:
a) Într-o oală de supă, căliți ceapa tocată și usturoiul tocat până se înmoaie.
b) Adăugați cartofii tăiați cubulețe și inimioarele de anghinare tăiate în oală și gătiți încă 5 minute.
c) Se toarnă bulionul de pui sau de legume și se aduce amestecul la fiert. Se lasa sa fiarba pana cartofii sunt fragezi, aproximativ 15-20 de minute.
d) Folosind un blender de imersie sau un blender obișnuit, pasați supa până când se omogenizează.
e) Se amestecă smântâna groasă și se condimentează cu sare și piper după gust.
f) Se serveste fierbinte, optional garnisita cu o praf de smantana si arpagic tocat.

66.Supă de spanac și anghinare

INGREDIENTE:
- 2 cutii (14 uncii fiecare) inimioare de anghinare, scurse și tocate
- 1 ceapa, tocata
- 2 catei de usturoi, tocati
- 4 căni de bulion de legume
- 2 cesti frunze proaspete de spanac
- 1/2 cană parmezan ras
- Sare si piper dupa gust

INSTRUCȚIUNI:
a) Intr-o oala mare caliti ceapa tocata si usturoiul tocat pana se inmoaie.
b) Adăugați inimioarele de anghinare tocate în oală și gătiți încă 5 minute.
c) Turnați bulionul de legume și aduceți amestecul la fiert. Se lasa sa fiarba aproximativ 15-20 de minute.
d) Se amestecă frunzele proaspete de spanac și parmezanul ras până când spanacul se ofilește și brânza se topește.
e) Folosind un blender de imersie sau un blender obișnuit, pasați supa până când se omogenizează.
f) Se condimenteaza cu sare si piper dupa gust.
g) Se serveste fierbinte, optional garnisita cu parmezan ras.

67.Supă de ardei roșu prăjit și anghinare

INGREDIENTE:
- 2 cutii (14 uncii fiecare) inimioare de anghinare, scurse și tocate
- 2 ardei rosii copti, tocati
- 1 ceapa, tocata
- 2 catei de usturoi, tocati
- 4 căni de bulion de legume
- 1/2 cană smântână groasă
- Sare si piper dupa gust

INSTRUCȚIUNI:
a) Într-o oală de supă, căliți ceapa tocată și usturoiul tocat până se înmoaie.
b) Adăugați inimioarele de anghinare tocate și ardeii roșii prăjiți în oală și gătiți încă 5 minute.
c) Se toarnă bulionul de legume și se aduce amestecul la fiert. Se lasa sa fiarba aproximativ 15-20 de minute.
d) Folosind un blender de imersie sau un blender obișnuit, pasați supa până când se omogenizează.
e) Se amestecă smântâna groasă și se condimentează cu sare și piper după gust.
f) Se serveste fierbinte, optional garnisita cu un vârtej de smantana si patrunjel proaspat tocat.

68. Supă de anghinare cu curry de cocos

INGREDIENTE:
- 2 cutii (14 uncii fiecare) inimioare de anghinare, scurse și tocate
- 1 ceapa, tocata
- 2 catei de usturoi, tocati
- 1 lingură pudră de curry
- 1 cutie (14 uncii) lapte de cocos
- 4 căni de bulion de legume
- Sare si piper dupa gust

INSTRUCȚIUNI:

a) Intr-o oala mare caliti ceapa tocata si usturoiul tocat pana se inmoaie.
b) Adăugați inimioarele de anghinare tocate în oală și gătiți încă 5 minute.
c) Se presară praful de curry peste legume și se amestecă pentru a se combina.
d) Se toarnă laptele de cocos și bulionul de legume. Aduceți amestecul la fiert și gătiți aproximativ 15-20 de minute.
e) Folosind un blender de imersie sau un blender obișnuit, pasați supa până când se omogenizează.
f) Se condimenteaza cu sare si piper dupa gust.
g) Se serveste fierbinte, optional garnisita cu un strop de coriandru tocat si o presare de suc de lamaie.

69.Supă de anghinare și fasole albă

INGREDIENTE:
- 2 cutii (14 uncii fiecare) inimioare de anghinare, scurse și tocate
- 1 ceapa, tocata
- 2 catei de usturoi, tocati
- 2 cutii (15 uncii fiecare) de fasole albă, scursă și clătită
- 4 căni de bulion de legume
- 1 lingurita de cimbru uscat
- Sare si piper dupa gust

INSTRUCȚIUNI:
a) Într-o oală de supă, căliți ceapa tocată și usturoiul tocat până se înmoaie.
b) Adăugați inimioarele de anghinare tocate în oală și gătiți încă 5 minute.
c) Se amestecă fasolea albă, bulionul de legume și cimbru uscat. Aduceți amestecul la fiert și gătiți aproximativ 15-20 de minute.
d) Folosind un blender de imersie sau un blender obișnuit, pasați o porție din supă până când se omogenizează, lăsând câteva bucăți de legume și fasole pentru textură.
e) Se condimenteaza cu sare si piper dupa gust.
f) Se serveste fierbinte, optional garnisita cu un strop de ulei de masline si un strop de patrunjel tocat.

70.Supă de anghinare și praz

INGREDIENTE:
- 2 cutii (14 uncii fiecare) inimioare de anghinare, scurse și tocate
- 2 praz, doar părți albe și verde deschis, tocate
- 2 catei de usturoi, tocati
- 4 căni de bulion de legume
- 1 lingura ulei de masline
- 1/4 cană mărar proaspăt tocat
- Sare si piper dupa gust

INSTRUCȚIUNI:
a) Într-o oală de supă, încălziți uleiul de măsline la foc mediu. Adauga prazul tocat si usturoiul tocat, calit pana se inmoaie.
b) Adăugați inimioarele de anghinare tocate în oală și gătiți încă 5 minute.
c) Se toarnă bulionul de legume și se aduce amestecul la fiert. Se lasa sa fiarba aproximativ 15-20 de minute.
d) Se amestecă mărar proaspăt tocat.
e) Folosind un blender de imersie sau un blender obișnuit, pasați supa până când se omogenizează.
f) Se condimenteaza cu sare si piper dupa gust.
g) Se serveste fierbinte, optional garnisita cu o praf de iaurt grecesc si o crenguta de marar proaspat.

71. Supă cremoasă de anghinare și roșii uscate la soare

INGREDIENTE:
- 2 cutii (14 uncii fiecare) inimioare de anghinare, scurse și tocate
- 1 ceapa, tocata
- 2 catei de usturoi, tocati
- 1/2 cana rosii uscate la soare, tocate
- 4 căni de bulion de legume
- 1 cană smântână groasă
- Sare si piper dupa gust

INSTRUCȚIUNI:

a) Intr-o oala mare caliti ceapa tocata si usturoiul tocat pana se inmoaie.

b) Adăugați inimioarele de anghinare tocate și roșiile uscate la soare în oală și gătiți încă 5 minute.

c) Se toarnă bulionul de legume și se aduce amestecul la fiert. Se lasa sa fiarba aproximativ 15-20 de minute.

d) Folosind un blender de imersie sau un blender obișnuit, pasați supa până când se omogenizează.

e) Se amestecă smântâna groasă și se condimentează cu sare și piper după gust.

f) Se serveste fierbinte, optional garnisita cu un strop de busuioc tocat si un strop de glazura balsamic.

SALATE

72.Salată De Ton De Anghinare și Măsline Coapte

INGREDIENTE:
- 2 conserve bucăți de ton ușor, scurs și fulgi
- 1 cană inimioare de anghinare tocate
- ¼ cană măsline felii
- ¼ cană de ceață tocată
- ⅓ cană maia
- 3 catei de usturoi, tocati
- 2 lingurite suc de lamaie
- 1 ½ linguriță de oregano proaspăt tocat sau ½ linguriță uscată

INSTRUCȚIUNI:
a) Într-un castron mediu, combinați toate ingredientele.
b) Serviți pe un pat de salată verde sau spanac cu roșii feliate sau folosiți-l pentru a umple roșii scobite sau coji de foietaj.

73.Bol italian de salată antipasto

INGREDIENTE:
- 6 uncii inimioare de anghinare
- 8-¾ uncie cutie de fasole garbanzo, scursă
- Cutie de 8-¾ uncie de fasole roșie, scursă
- 6-½ uncie cutie de ton aprins în apă, scurs și fulgi
- ½ ceapă roșie dulce, tăiată subțire
- 3 linguri sos de salată italian
- ½ cană de țelină, feliată subțire
- 6 căni de salată verde mixtă
- 2 uncii hamsii, scurse
- 3 uncii de salam uscat, tăiat în fâșii subțiri
- 2 uncii brânză Fontina, tăiată în cuburi
- Ardei roșii și verzi murați pentru decor

INSTRUCȚIUNI:
a) Amestecați anghinarea și marinada cu fasole, ton, ceapă și 2 linguri de dressing îmbuteliat.
b) Acoperiți și lăsați la frigider pentru 1 oră sau mai mult pentru a amesteca aromele.
c) Într-un castron mare de salată, combinați ușor amestecul marinat cu țelina și verdeața de salată.
d) Dacă este necesar, amestecați puțin mai mult dressing îmbuteliat.
e) Deasupra se aranjează anșoa, salamul și brânză, apoi se ornează cu ardei. Serviți imediat.

74. Salată nicoise încărcată

INGREDIENTE:
- 1 cap de salata romana, rupta in bucatele mici
- 1 cap de salată verde Boston sau Bibb
- 2 sau 3 conserve de ton, scurse
- 1 conserve de inimioare de anghinare, scurse
- 1 cană de roșii struguri
- 6-8 cepe verde, curatate
- 6-8 cartofi roșii noi mici, aburiți, lăsați în coajă
- 1 conserve de fileuri de hamsii, inmuiate in lapte, uscate
- ¾ de kilogram de fasole verde proaspătă, albită
- 4 ouă fierte tari, tăiate în sferturi
- 2 salote, tocate
- 1 cățel de usturoi, zdrobit
- 1,5 linguriță de sare
- Piper negru crăpat proaspăt
- 2 linguri de muştar de Dijon
- ⅓ cană de oțet de vin roșu
- ⅔ cană de ulei de măsline extravirgin blând
- 3 linguri de capere, scurse de apă (rezervate ca garnitură)

INSTRUCȚIUNI:
a) Pregătiți salata conform instrucțiunilor, asigurând fasole crocantă și cartofi fragezi.
b) Preparați sosul pentru salată amestecând eșapa, usturoi, muștar, sare și piper cu oțet.
c) Adăugați ulei încet în timp ce amestecați.
d) Se amestecă cartofii încălziți gătiți cu 2 linguri de dressing preparat.
e) Aruncați fasolea verde cu o lingură mică de dressing.
f) Asamblați salata, aranjați salata verde, tonul, ouăle și multe altele. Stropiți cu dressing.
g) Se ornează cu capere. Serviți cu dressingul rămas în lateral.

75. Salata Antipasto

INGREDIENTE:
- 1 cap mare sau 2 inimioare romaine tocate
- 4 uncii de prosciutto tăiat în fâșii
- 4 uncii de salam sau pepperoni cuburi
- ½ cană inimioare de anghinare tăiate felii
- ½ cană de măsline amestec de negre și verzi
- ½ cană ardei iute sau dulci murați sau prăjiți
- Sos italian după gust

INSTRUCȚIUNI:
a) Combinați toate ingredientele într-un castron mare de salată.
b) Se amestecă cu dressing italian.

76.Salată de orez risotto cu anghinare, mazăre și ton

INGREDIENTE:
- 1 cană de orez DeLallo Arborio
- 1 conserve (5,6 uncii) de ton italian importat ambalat în ulei de măsline, păstrați uleiul
- 1 borcan (12 uncii) de inimioare de anghinare marinate DeLallo, tăiate în sferturi (rezervați lichidul)
- 6 uncii de mazăre verde congelată, dezghețată
- Zest de 1 lămâie
- 2 linguri busuioc tocat
- Sare si piper

INSTRUCȚIUNI:
a) Aduceți o oală mare cu apă cu sare la fiert, apoi adăugați risotto. Amestecați și gătiți orezul pentru o textură al dente, aproximativ 12 minute.
b) Scurgeți orezul într-o strecurătoare și clătiți cu apă rece pentru a îndepărta excesul de amidon. Se scurge foarte bine si se da deoparte la racit.
c) După ce s-a răcit, pune risotto-ul într-un castron mare. Se amestecă tonul, anghinarea și mazărea. Asigurați-vă că adăugați uleiul din ton și marinada de la anghinare pentru a crea dressingul.
d) Amestecați coaja de lămâie și busuioc proaspăt. Sare si piper dupa gust.
e) Se serveste rece.

77.Paste Urzici Cu Parmezan

INGREDIENTE:
- ½ kilogram de paste
- 2,5 uncii frunze și vârfuri de urzici proaspete
- 3 linguri ulei de masline
- 3 catei de usturoi, tocati
- 1 ceapă, tăiată cubulețe
- 1 lingurita patrunjel uscat
- ½ linguriță de cimbru uscat
- ½ lingurita busuioc uscat
- 1/3 cană inimioare de anghinare, tocate
- ½ cană de brânză parmezan, rasă
- Sare si piper, dupa gust
- Opțional: 1 cană flori de violetă sau flori de muștar cu usturoi

INSTRUCȚIUNI:
a) Aduceți o oală cu apă la fiert, sărați și adăugați pastele. Cu aproximativ 1 minut înainte ca pastele să fie complet fierte, adăugați urzicile în apă.
b) Se incinge uleiul intr-o tigaie, se adauga usturoiul si ceapa si se lasa sa fiarba aproximativ 5 minute. Dacă usturoiul începe să se coloreze repede, reduceți focul. Se amestecă condimentele.
c) Înainte de a scurge tăițeii și urzicile, luați ¼ de cană de apă pentru paste și adăugați-o în tigaie cu ceapa.
d) Apoi scurgeți pastele și urzicile și adăugați-le în cratiță, împreună cu inimioarele de anghinare care se amestecă. Se reduce focul și se adaugă parmezanul, amestecând din nou, până când brânza se topește și se îmbracă tăițeii.
e) Luați tăițeii de pe foc și ornați-i cu flori comestibile.

78.Salată de sparanghel cu cartofi roșii și anghinare

INGREDIENTE:
- 18 cartofi roșii mici
- 3/4 cană bulion de legume
- 14 oz inimioare de anghinare, scurse și tăiate în sferturi
- 3 kilograme de sparanghel proaspăt, tăiat
- 3 linguri muștar de Dijon
- 1/4 lingurita piper cayenne
- 5 linguri de arpagic proaspăt tocat
- 1/4 cană suc proaspăt de lămâie
- Sare si piper negru macinat dupa gust

INSTRUCȚIUNI:
a) Puneti cartofii intr-o oala cu apa cu sare si acoperiti.
b) Se aduce la fierbere la foc mare. Apoi reduceți căldura la mediu-scăzut, acoperiți și fierbeți până când se înmoaie timp de aproximativ 20 de minute.
c) Scurgeți și lăsați să se usuce la abur timp de 1-2 minute. Lăsați să se răcească înainte de a tăia în cuburi de dimensiuni mici, apoi transferați într-un castron separat.
d) La foc iute, aduceți o oală cu apă sărată la fiert, apoi adăugați sparanghelul. Scurgeți imediat.
e) Tăiați sparanghelul în bucăți de 1 inch și gătiți până se înmoaie timp de 3 minute.
f) Se amestecă anghinarea, despărțindu-le ușor înainte de a le pune în bolul cu cartofii.
g) Combinați sucul de lămâie și muștarul, apoi amestecați bulionul de legume treptat în muștar și sucul de lămâie până când se omogenizează.
h) Asezonați cu sare, piper și piper cayenne. Se stropesc peste legume, apoi se amestecă.
i) Se presara cu arpagic inainte de servire.

79.Salată de inimă de anghinare prăjită

INGREDIENTE:
- 2 cutii (14 oz fiecare) de inimioare de anghinare
- 1 lingură ulei de măsline, plus mai mult pentru stropire
- 4 catei de usturoi, tocati
- 4 cepe verzi, portii albe si verzi tocate
- Suc de 1/2 lămâie
- 1/2 cană măsline Castelvetrano fără sâmburi, tăiate la jumătate și zdrobite
- 1 lingura oregano proaspat, tocat
- 1 lingura patrunjel italian, tocat
- Sare si piper negru crapat, dupa gust

INSTRUCȚIUNI:
a) Încinge uleiul de măsline într-o tigaie mare la foc mediu-mare. Adăugați inimioarele de anghinare scurse și prăjiți-le aproximativ 10 minute pe fiecare parte până se carbonizează ușor.
b) Reduceți căldura la mediu. Adăugați usturoiul tocat și jumătate din ceapa verde tocată. Gatiti 5 minute pana usturoiul se rumeneste.
c) Încorporați măslinele tăiate în jumătate și zdrobite și scoateți tigaia de pe foc.
d) Transferați amestecul de anghinare într-un castron puțin adânc sau într-un platou de servire. Deasupra se stoarce zeama proaspata de lamaie si se stropeste cu mai mult ulei de masline.
e) Condimentam salata cu sare si piper negru crapat dupa gust. Încorporați ușor oregano tocat.
f) Presărați salata cu pătrunjel proaspăt și serviți.

LATELE

80.Inimi prăjite de palmier și anghinare

INGREDIENTE:
- Spray de gatit
- 2 cutii Reese Hearts of Palm (14 uncii fiecare)
- 2 cutii de inimioare mari de anghinare Reese (14 uncii fiecare)
- 2 linguri ulei de masline
- 1 catel de usturoi, tocat
- 1/4 lingurita piper
- 1/8 lingurita sare
- 1 lamaie, taiata in sase

INSTRUCȚIUNI:
a) Preîncălziți cuptorul la 425°F (220°C). Ungeți o tavă de copt cu ramă cu spray de gătit.
b) Scurgeți și clătiți inimile de palmier și de anghinare, apoi uscați-le cu un prosop de hârtie. Tăiați inimile de palmier în treimi și înjumătățiți inimile de anghinare. Ștergeți orice exces de lichid din inimile de anghinare.
c) Într-un castron mare, amestecați uleiul de măsline și usturoiul tocat. Adăugați inimile de palmier și de anghinare și amestecați ușor pentru a le acoperi uniform.
d) Puneți inimile acoperite de palmier și inimi de anghinare pe foaia de copt pregătită într-un singur strat. Se presară cu sare și piper.
e) Se prăjește în cuptorul preîncălzit până se încălzește și marginile încep să se rumenească ușor, aproximativ 25-30 de minute.
f) Stropiți inimile de palmier și anghinare prăjite cu suc proaspăt de lămâie. Alternativ, serviți cu felii de lămâie și lăsați fiecare să stropească suc de lămâie după bunul plac.
g) Bucurați-vă de delicioasele voastre inimi prăjite de palmier și anghinare ca garnitură aromată pentru a completa orice masă!

81. Anghinare zdrobită cu aioli de lămâie-mărar

INGREDIENTE:
- 1/2 cană maioneză cu ulei de măsline
- 1 lingură mărar proaspăt tocat mărunt
- 1 1/2 linguriță muștar de Dijon
- 1 1/2 linguriță suc proaspăt de lămâie
- 1 catel mic de usturoi, ras fin
- 2 cutii (14 uncii) de inimioare întregi de anghinare pentru copii, scurse și uscate
- 2 linguri ulei de măsline extravirgin, împărțit
- 1 lingura frunze de cimbru proaspat tocate
- 1/4 lingurita piper macinat

INSTRUCȚIUNI:

a) Amestecați maioneza, mararul, muștarul, sucul de lămâie și usturoiul ras într-un castron mic pentru a pregăti aioli.

b) Preîncălziți cuptorul la 400°F (200°C). Tapetați o tavă de copt cu ramă cu hârtie de copt. Arunca inimile de anghinare scurse si uscate cu 1 lingura de ulei de masline intr-un castron mediu. Aranjați anghinarea într-un singur strat pe foaia de copt pregătită. Coaceți până devine ușor auriu, aproximativ 20 până la 25 de minute. Scoateți din cuptor și stropiți anghinarea cu 1 lingură rămasă de ulei de măsline și stropiți cu cimbru tocat. Aruncați ușor pentru a acoperi.

c) Folosind fundul unei cești de măsurare sau a unui pahar rezistent, apăsați ușor pe anghinare până când acestea au o grosime de aproximativ 1/2 inch, aplicând o presiune uniformă, păstrând inimile intacte. Coaceți din nou până când devine auriu și caramelizat, aproximativ 25 până la 30 de minute.

d) Transferați anghinarea zdrobită pe o farfurie sau un platou, stropiți cu piper măcinat și serviți alături de aioli de lămâie și mărar preparat.

e) Savurați aceste anghinare crocante zdrobite, cu interiorul lor fraged, servite alături de aioli strălucitor și proaspăt de lămâie și mărar!

82.Inimioare De Anghinare Cu Sunca

INGREDIENTE:
- 2 conserve (14 oz fiecare) Inimi de anghinare
- 1 lingura ulei de masline extravirgin
- 2 oz. Şuncă Serrano, tocată
- 1 lingura de usturoi tocat
- Adobo multifuncțional cu piper, după gust
- 1 lingura patrunjel proaspat tocat marunt

INSTRUCȚIUNI:
a) Scurgeți inimile de anghinare și uscați-le bine cu prosoape de hârtie. Înjumătățiți-le.
b) Încinge uleiul de măsline într-o tigaie medie la foc mediu-mare. Adăugați șunca Serrano tocată și gătiți până devine crocantă, aproximativ 5 minute. Scoateți șunca crocantă cu o lingură și lăsați-o deoparte.
c) Adăugați anghinarele tăiate pe jumătate în tigaie și gătiți până se rumenesc pe toate părțile, aproximativ 10 minute.
d) Adăugați usturoiul tocat în tigaie și gătiți până se simte parfumat, amestecând din când în când, pentru încă aproximativ 1 minut.
e) Se condimentează amestecul de anghinare cu Adobo All-Purpose Seasoning with Pepper, după gust.
f) Transferați amestecul de anghinare într-o cazuela sau într-un vas mic de servire rotund. Deasupra presara sunca Serrano crocanta si patrunjel tocat.
g) Bucurați-vă de delicioasele inimi de anghinare cu șuncă, un preparat inspirat din aromele din Rioja și Navarra!

83.Inimioare De Anghinare In Vin Alb Usturoi

INGREDIENTE:
- 1 lingura ulei de masline extravirgin
- 3 catei de usturoi, tocati
- 1/2 cană vin alb sec
- 3 linguri suc de lamaie
- 6 linguri de unt
- 1 praf sare
- 1/4 lingurita piper negru proaspat macinat
- 2 cutii (14 oz fiecare) inimioare de anghinare, scurse și tăiate la jumătate
- 1 lingura patrunjel proaspat, tocat
- 1/4 cană ceapă verde, feliată subțire

INSTRUCȚIUNI:
a) Încinge uleiul de măsline extravirgin la foc mediu într-o tigaie de mărime medie, antiaderentă.
b) Adăugați usturoiul tocat și gătiți aproximativ un minut până când se înmoaie, dar nu se rumenește.
c) Se toarnă vinul alb și se fierbe timp de 2 până la 3 minute pentru a găti alcoolul.
d) Se amestecă sucul de lămâie, apoi se adaugă treptat untul în timp ce se amestecă constant până se topește și se combină bine.
e) Asezonați sosul cu sare și piper după gust.
f) Adăugați cu grijă inimioarele de anghinare în tigaie și aruncați-le ușor în sos până când sunt complet acoperite.
g) Odată ce anghinarea s-a încălzit, transferați-le și sosul pe un platou de servire.
h) Se ornează cu pătrunjel tocat și ceapă verde tăiată subțire.
i) Serviți imediat și bucurați-vă de delicioasele inimi de anghinare în vin alb, usturoi și lămâie!

84. Inimioare de anghinare la cuptor cu branza de capra

INGREDIENTE:
- 1 ceapa mica, taiata cubulete
- Strop de ulei de măsline
- Pachet de 14 oz inimioare de anghinare congelate
- 3 catei de usturoi, tocati
- 1 lingură mărar proaspăt, tocat
- 1/4 lingurita fiecare: sare si piper negru
- 1/2 cană brânză de capră mărunțită
- 3 linguri de pesmet panko
- 1 lingurita ulei de masline

INSTRUCȚIUNI:
a) Preîncălziți cuptorul la 400°F (200°C).
b) Într-o tigaie de 8 inci rezistentă la cuptor, căliți ceapa tăiată cubulețe într-un strop de ulei de măsline până devine translucid.
c) Dezghețați inimile de anghinare congelate. Aruncă-le cu ceapa călită în tigaie. Amestecați usturoiul tocat, mararul tocat, sare, piper și brânză de capră mărunțită.
d) Într-un castron mic, aruncați pesmetul de panko cu 1 linguriță de ulei de măsline. Întindeți uniform amestecul de pesmet peste anghinare în tigaie.
e) Coaceți în cuptorul preîncălzit timp de 10 minute sau până se încălzește.
f) Bucurați-vă de această garnitură în stil gratinat de inimioare de anghinare coapte cu brânză de capră, ca o completare încântătoare la rutina dumneavoastră de legume!

85. Anghinare la abur

INGREDIENTE:
- 4 anghinare de dimensiuni medii (aproximativ 12 uncii fiecare)
- 1 lămâie, tăiată în jumătate în cruce
- Sare grunjoasă
- Sos olandez ușor
- Opțional: unt topit

INSTRUCȚIUNI:

a) Scoateți frunzele exterioare dure de pe anghinare. Folosiți un cuțit zimțat pentru a tăia o treime de sus din fiecare anghinare. Tăiați toate vârfurile ascuțite sau țepoase rămase cu foarfece de bucătărie.

b) Tăiați tulpinile astfel încât anghinarea să stea în poziție verticală.

c) Preveniți decolorarea frecând suprafețele tăiate ale anghinarelor cu lămâie. Repetați acest proces cu anghinarea și lămâia rămase.

d) Puneți un coș de aburi într-o oală mare și adăugați suficientă apă, astfel încât să ajungă chiar sub coș. Stoarceți sucul de lămâie în apă și adăugați 1 lingură de sare. Aduceți apa la fiert.

e) Aranjați anghinarea în coșul pentru aburi, așezându-le cu tulpina în sus.

f) Acoperiți oala și gătiți anghinarea la abur până când inimile sunt fragede când sunt străpunse cu un cuțit și frunzele interioare pot fi scoase ușor. Acest lucru durează de obicei aproximativ 25 până la 35 de minute. Adăugați mai multă apă în oală dacă este necesar.

g) Servește anghinarea la abur caldă sau la temperatura camerei, însoțită de sos Easy Hollandaise sau de unt topit dacă se dorește.

DESERT

86. Inimioare de anghinare confiate

INGREDIENTE:
- 1 cutie (14 uncii) inimioare de anghinare, scurse și tăiate la jumătate
- 1 cană zahăr granulat
- 1 cană apă
- Opțional: coajă de lămâie sau extract de vanilie pentru aromatizare

INSTRUCȚIUNI:
a) Într-o cratiță, amestecați zahărul granulat și apa. Aduceți la fiert la foc mediu, amestecând până se dizolvă zahărul.
b) Adăugați inimioarele de anghinare la siropul de zahăr. Dacă doriți, adăugați un strop de coajă de lămâie sau o picătură de extract de vanilie pentru un plus de aromă.
c) Fierbeți inimioarele de anghinare în sirop aproximativ 20-30 de minute, sau până devin translucide și fragede.
d) Scoateți inimioarele de anghinare confiate din sirop și lăsați-le să se răcească pe o tavă de copt tapetată cu pergament.
e) Odată răcite, inimioarele de anghinare confiate pot fi savurate ca un desert unic și ușor dulce de la sine, sau pot fi folosite ca garnitură pentru alte deserturi precum prăjiturile sau înghețata.

87.Tort cu anghinare si migdale

INGREDIENTE:
- 1 cutie (14 uncii) inimioare de anghinare, scurse și tocate mărunt
- 1 cană făină de migdale
- 1/2 cană zahăr granulat
- 1/4 cană unt topit
- 3 oua
- 1 lingurita extract de migdale
- 1/2 lingurita praf de copt
- Vârf de cuțit de sare

INSTRUCȚIUNI:
a) Preîncălziți cuptorul la 350°F (175°C). Unge și făină o tavă de tort.
b) Într-un castron, bateți ouăle și zahărul granulat împreună până devin ușor și pufos.
c) Adăugați untul topit, extractul de migdale și inimioarele de anghinare tocate în amestecul de ouă, amestecând până se omogenizează bine.
d) Într-un castron separat, combinați făina de migdale, praful de copt și sarea. Adăugați treptat acest amestec uscat la ingredientele umede, amestecând până la omogenizare.
e) Turnați aluatul în tava de tort pregătită și neteziți blatul.
f) Coacem in cuptorul preincalzit 25-30 de minute, sau pana cand o scobitoare introdusa in centru iese curata.
g) Lăsați tortul să se răcească înainte de a tăia și servi. Optional, pudrati blatul cu zahar pudra sau serviti cu frisca.

88.Tartă cu anghinare și lămâie

INGREDIENTE:
- 1 crusta de placinta prefabricata sau aluat de tarta de casa
- 1 cutie (14 uncii) inimioare de anghinare, scurse și tocate
- Coaja și zeama de la 1 lămâie
- 1/2 cană zahăr granulat
- 3 oua
- 1/2 cană smântână groasă
- Zahăr pudră pentru pudrat (opțional)

INSTRUCȚIUNI:
a) Preîncălziți cuptorul la 350°F (175°C). Întindeți crusta de plăcintă sau aluatul de tartă și presă-l într-o tavă de tartă.
b) Într-un castron, amestecați ouăle, zahărul granulat, coaja de lămâie, sucul de lămâie și smântâna groasă până se combină bine.
c) Se amestecă inimioarele de anghinare tocate.
d) Turnați umplutura în coaja de tartă pregătită.
e) Coaceți în cuptorul preîncălzit timp de 25-30 de minute, sau până când umplutura este întărită și crusta este aurie.
f) Lasati tarta sa se raceasca putin inainte de a o feli. Pudrați cu zahăr pudră înainte de servire, dacă doriți.

89. Plăcintă cremoasă de spaghete cu cartofi dulci

INGREDIENTE:
- 1 kilogram de spaghete uscate
- 1 borcan (24 uncii) inimioare de anghinare marinate, (rezervați 1/4 cană lichid + 1 cană inimioare de anghinare)
- 1 cană spanac congelat, dezghețat și stors uscat
- 1 cărămidă cremă de brânză (8 uncii), înmuiată
- 2 ouă, bătute
- 1/2 cană parmezan ras
- 2 căni de brânză mozzarella mărunțită
- Garnitură: parmezan ras, chipsuri de kale

INSTRUCȚIUNI:
a) Preîncălziți cuptorul la 350°F.
b) Tapetați o tavă în formă de arc cu hârtie de pergament, lăsând marginile să atârne în afara tavii.
c) Într-o oală mare, gătiți pastele în apă clocotită timp de 10 minute.
d) Într-un castron mare, amestecați pentru a combina inimioare de anghinare (plus lichid), spanacul, cremă de brânză, ouăle și brânzeturile.
e) Scurgeți spaghetele și adăugați în bol cu amestecul de brânză de anghinare, amestecând pentru a acoperi pastele complet. Turnați în tava pregătită și acoperiți cu 1 cană de inimioare de anghinare rămase.
f) Coaceți timp de 45 de minute până la 1 oră, până când marginile sunt crocante și amestecul este solid. Se lasa sa se raceasca putin inainte de a se scoate din tava. Serviți cald.
g) Decorați cu parmezan ras și chipsuri de kale.

CONDIMENTE

90.Pesto de anghinare

INGREDIENTE:
- 1 cutie (14 uncii) inimioare de anghinare, scurse și tocate
- 1/4 cană nuci de pin prăjite sau migdale
- 2 catei de usturoi
- 1/4 cană parmezan ras
- 1/4 cană ulei de măsline extravirgin
- Suc de 1 lămâie
- Sare si piper dupa gust

INSTRUCȚIUNI:
a) Într-un robot de bucătărie, combinați inimile de anghinare tocate, nucile de pin prăjite sau migdalele, usturoiul și parmezanul.
b) Pulsați până când ingredientele sunt tocate mărunt.
c) Cu robotul de bucătărie în funcțiune, stropiți încet uleiul de măsline până când amestecul ajunge la consistența dorită.
d) Adăugați suc de lămâie, sare și piper după gust și pulsați pentru a combina.
e) Servește pesto de anghinare ca un tartinat pe crostini, împroșcat cu paste sau ca topping pentru carne sau pește la grătar.

91.Tapenadă de anghinare

INGREDIENTE:
- 1 cutie (14 uncii) inimioare de anghinare, scurse și tocate
- 1/4 cană măsline Kalamata fără sâmburi
- 2 linguri capere, scurse
- 2 catei de usturoi
- 2 linguri patrunjel proaspat tocat
- 2 linguri ulei de masline extravirgin
- Suc de 1 lămâie
- Sare si piper dupa gust

INSTRUCȚIUNI:
a) Într-un robot de bucătărie, combinați inimile de anghinare tocate, măslinele Kalamata, caperele, usturoiul și pătrunjelul.
b) Pulsați până când ingredientele sunt tocate mărunt și bine combinate.
c) Cu robotul de bucătărie în funcțiune, stropiți încet uleiul de măsline până când amestecul ajunge la consistența dorită.
d) Adăugați suc de lămâie, sare și piper după gust și pulsați pentru a combina.
e) Serviți tapenada de anghinare ca un tartinat pe pâine, biscuiți sau ca condiment pentru sandvișuri și wrapuri.

92.Relish cu anghinare și roșii uscate

INGREDIENTE:
- 1 cutie (14 uncii) inimioare de anghinare, scurse și tocate
- 1/4 cana rosii uscate tocate (ambalate in ulei), scurse
- 2 linguri busuioc proaspăt tocat
- 1 lingura otet balsamic
- 2 linguri ulei de masline extravirgin
- Sare si piper dupa gust

INSTRUCȚIUNI:
a) Într-un castron, combina inimile de anghinare tocate, rosiile uscate tocate si busuioc proaspat.
b) Stropiți cu oțet balsamic și ulei de măsline extravirgin și amestecați.
c) Se condimentează cu sare și piper după gust și se amestecă din nou.
d) Serviți anghinare și gust de roșii uscate ca topping pentru pui sau pește la grătar, amestecate în paste fierte sau ca garnitură pentru salate.

93. Aioli cremos de anghinare

INGREDIENTE:
- 1 conserve (14 uncii) inimioare de anghinare, scurse și tocate
- 1/2 cană maioneză
- 2 catei de usturoi, tocati
- 1 lingura suc de lamaie
- 1 lingura patrunjel proaspat tocat
- Sare si piper dupa gust

INSTRUCȚIUNI:
a) Într-un robot de bucătărie, combinați inimile de anghinare tocate, maioneza, usturoiul tocat, sucul de lămâie și pătrunjelul tocat.
b) Pulsați până când amestecul este omogen și bine combinat.
c) Se condimentează cu sare și piper după gust și se presează din nou pentru a se incorpora.
d) Servește aioli cremos de anghinare ca o baie pentru legume, o tartinată pentru sandvișuri și burgeri sau ca sos pentru carne și fructe de mare la grătar.

94.Chimichurri de anghinare

INGREDIENTE:
- 1 cutie (14 uncii) inimioare de anghinare, scurse și tocate
- 1/2 cană pătrunjel proaspăt tocat
- 2 linguri coriandru proaspăt tocat
- 2 catei de usturoi, tocati
- 1/4 cană oțet de vin roșu
- 1/2 cană ulei de măsline extravirgin
- 1 lingurita fulgi de ardei rosu macinati
- Sare si piper dupa gust

INSTRUCȚIUNI:
a) Într-un castron, combinați inimile de anghinare tocate, pătrunjelul tocat, coriandru tocat și usturoiul tocat.
b) Se amestecă oțetul de vin roșu, uleiul de măsline extravirgin și fulgii de ardei roșu mărunțiți.
c) Asezonați cu sare și piper după gust și amestecați până se omogenizează bine.
d) Lăsați chimichurri-ul să stea la temperatura camerei timp de cel puțin 30 de minute pentru a permite aromelor să se topească.
e) Serviți chimichurri de anghinare ca sos pentru

BĂUTURI

95.Apa de anghinare

INGREDIENTE:
- 2 anghinare, tulpinile tăiate și tăiate

INSTRUCȚIUNI:
a) Aduceți o oală mare cu apă la fiert.
b) Adăugați anghinare și aduceți la fiert timp de 30 de minute.
c) Scoateți anghinarea și lăsați-le deoparte pentru mai târziu.
d) Lăsați apa să se răcească înainte de a bea o cană din ea.

96.Anghinare Negroni

INGREDIENTE:
- 1 oz. vermut roșu
- 1 oz. lichior de anghinare
- 4 picături bitter de lavandă
- 1 coaja de portocala
- Cuburi de gheata

INSTRUCȚIUNI:
a) Într-un pahar de amestec sau ulcior umplut cu gheață, combinați vermut roșu, lichior de anghinare și bitter de lavandă.
b) Amestecați amestecul cu o lingură lungă timp de aproximativ 1 minut pentru a se răci și amestecați ingredientele.
c) Strecurați amestecul în pahare de șampanie.
d) Ornați fiecare pahar cu o răsucire de coajă de portocală.
e) Serviți și savurați-vă Negronii cu Anghinare!

97.Anghinare Manhattan

INGREDIENTE:
- 2 uncii de whisky de secară
- 1/2 uncie lichior de anghinare (cum ar fi Cynar)
- 1/2 uncie vermut dulce (cum ar fi Carpano Antica)
- 1 petală de fenicul
- 1 fâșie de coajă de portocală

INSTRUCȚIUNI:
a) Umpleți un pahar de cocktail cu gheață.
b) Adăugați whisky-ul de secară, lichiorul de anghinare și vermut dulce în pahar.
c) Amestecați amestecul timp de aproximativ 30 de secunde pentru a se răci.
d) Se strecoară cocktailul într-un pahar Rocks umplut cu gheață proaspătă.
e) Se ornează cu petala de fenicul și o fâșie de coajă de portocală.
f) Bucurați-vă de anghinare Manhattan!

98.Anghinare și ceai verde Pandan

INGREDIENTE:
- 3 anghinare proaspete întregi (se păstrează întreg)
- 1 buchet de frunze de pandan (congelat este bine)
- 2 pliculete de ceai verde
- 1,5 galoane de apă (apa se va evapora în timp ce fierbe)
- Opțional: 2 linguri zahăr rock sau sirop de zahăr obișnuit (adăugați 5 bucăți de zahăr rock sau 5 linguri zahăr obișnuit la 1/2 cană apă clocotită până se dizolvă)

INSTRUCȚIUNI:
a) Spălați anghinarea și adăugați-le într-o oală mare împreună cu frunzele de pandan și apă. Se încălzește apa până dă în clocot, apoi se reduce focul și se fierbe timp de 1 oră.
b) După 1 oră, stingeți focul și adăugați pliculețele de ceai verde în oală, lăsându-le să se înmuie până când întregul vas se răcește.
c) Odată ce ceaiul s-a răcit, transferați-l într-un borcan de sticlă de 1 galon.
d) Când este gata de servire, turnați ceaiul în cești de sticlă peste gheață. Dacă doriți, adăugați sirop de zahăr rock pentru dulceață.
e) Bucurați-vă de ceaiul verde de anghinare și pandan!

99.Cynar de casă

INGREDIENTE:
- 10 frunze de anghinare
- Nişte coaja de portocală
- 1 litru de grappa
- 1 lingura zahar brun

INSTRUCŢIUNI:
a) Începeţi prin a maceraţi zece frunze de anghinare şi puţină coajă de portocală într-un litru de Grappa.
b) Lăsaţi amestecul la infuzat timp de 30 până la 40 de zile.
c) Filtraţi Grappa şi lăsaţi-l să se maturizeze încă o lună.
d) Pentru un plus de profunzime şi amărăciune care aminteşte de anghinare, încorporează o lingură de zahăr brun în lichior.

100. Calea de anghinare

INGREDIENTE:
- 3/4 uncie rom jamaican (de preferință Smith & Cross)
- 3/4 uncie Cynar
- 1/2 uncie lichior de flori de soc St. Germain
- 3/4 uncie suc de lamaie
- 1/2 uncie orgeat
- Garnitură: crenguță de mentă

INSTRUCȚIUNI:
a) Adăugați toate ingredientele într-un shaker de cocktail.
b) Adăugați o cantitate mică de gheață și agitați ușor.
c) Se strecoară amestecul peste gheață pisată într-un pahar de roci.
d) Acoperiți cu mai multă gheață pisată și ornat cu o crenguță de mentă.

CONCLUZIE

În timp ce ne luăm rămas bun de la „Cartea completă de bucate cu anghinare", o facem cu inimile pline de recunoștință pentru aromele savurate, amintirile create și orizonturile culinare extinse. Prin 100 de rețete delicioase care sărbătoresc inima ciulinului, am explorat lumea diversă și încântătoare a bucătăriei cu anghinare, de la preparate tradiționale preferate la creații inovatoare.

Dar călătoria noastră nu se termină aici. Pe măsură ce ne întoarcem în bucătăriile noastre, înarmați cu noile cunoștințe și inspirație, permiteți-ne să continuăm să explorăm, să experimentăm și să creăm cu anghinarea ca ghid. Fie că gătim pentru întruniri de familie, cine intime sau mese ocazionale în noaptea de săptămână, rețetele din această carte de bucate să servească drept sursă de inspirație și încântare.

Și pe măsură ce savurăm fiecare mușcătură de bunătate de anghinare, să ne amintim călătoria pe care am împărtășit-o - o călătorie de descoperire, explorare și apreciere pentru plăcerile simple ale mâncării bune. Vă mulțumim că ne-ați alăturat în această aventură delicioasă. Fie ca eforturile tale culinare să fie pline de aromă, creativitate și bucuria de a găti cu anghinare. Noroc pentru inima ciulinului și pentru posibilitățile nesfârșite pe care le aduce pe mesele noastre.